大日经

中国佛学经典宝藏

77

吕建福 释译

星云大师总监修

人民东方出版传媒
东方出版社

总序

星云

自读首楞严，从此不尝人间糟糠味；

认识华严经，方知已是佛法富贵人。

诚然，佛教三藏十二部经有如暗夜之灯炬、苦海之宝筏，为人生带来光明与幸福，古德这首诗偈可说一语道尽行者阅藏慕道、顶戴感恩的心情！可惜佛教经典因为卷帙浩瀚、古文艰涩，常使忙碌的现代人有义理远隔、望而生畏之憾，因此多少年来，我一直想编纂一套白话佛典，以使法雨均沾，普利十方。

一九九一年，这个心愿总算有了眉目。是年，佛光山在中国大陆广州市召开"白话佛经编纂会议"，将该套丛书定名为《中国佛教经典宝藏》①。后来几经集思广

---

① 编者注：《中国佛教经典宝藏》丛书，大陆出版时改为《中国佛学经典宝藏》丛书。

益，大家决定其所呈现的风格应该具备下列四项要点：

一、启发思想：全套《中国佛教经典宝藏》共计百余册，依大乘、小乘、禅、净、密等性质编号排序，所选经典均具三点特色：

1. 历史意义的深远性

2. 中国文化的影响性

3. 人间佛教的理念性

二、通顺易懂：每册书均设有原典、注释、译文等单元，其中文句铺排力求流畅通顺，遣词用字力求深入浅出，期使读者能一目了然，契入妙谛。

三、文简意赅：以专章解析每部经的全貌，并且搜罗重要的章句，介绍该经的精神所在，俾使读者对每部经义都能透彻了解，并且免于以偏概全之谬误。

四、雅俗共赏：《中国佛教经典宝藏》虽是白话佛典，但亦兼具通俗文艺与学术价值，以达到雅俗共赏、三根普被的效果，所以每册书均以题解、源流、解说等章节，阐述经文的时代背景、影响价值及在佛教历史和思想演变上的地位角色。

兹值佛光山开山三十周年，诸方贤圣齐来庆祝，历经五载、集二百余人心血结晶的百余册《中国佛教经典宝藏》也于此时隆重推出，可谓意义非凡，论其成就，则有四点可与大家共同分享：

一、**佛教史上的开创之举**：民国以来的白话佛经翻译虽然很多，但都是法师或居士个人的开示讲稿或零星的研究心得，由于缺乏整体性的计划，读者也不易窥探佛法之堂奥。有鉴于此，《中国佛教经典宝藏》丛书突破窠臼，将古来经律论中之重要著作，做有系统的整理，为佛典翻译史写下新页！

　　二、**杰出学者的集体创作**：《中国佛教经典宝藏》丛书结合中国大陆北京、南京各地名校的百位教授、学者通力撰稿，其中博士学位者占百分之八十，其他均拥有硕士学位，在当今出版界各种读物中难得一见。

　　三、**两岸佛学的交流互动**：《中国佛教经典宝藏》撰述大部分由大陆饱学能文之教授负责，并搜录台湾教界大德和居士们的论著，借此衔接两岸佛学，使有互动的因缘。编审部分则由台湾和大陆学有专精之学者从事，不仅对中国大陆研究佛学风气具有带动启发之作用，对于台海两岸佛学交流更是帮助良多。

　　四、**白话佛典的精华集萃**：《中国佛教经典宝藏》将佛典里具有思想性、启发性、教育性、人间性的章节做重点式的集萃整理，有别于坊间一般"照本翻译"的白话佛典，使读者能充分享受"深入经藏，智慧如海"的法喜。

　　今《中国佛教经典宝藏》付梓在即，吾欣然为之作序，并借此感谢慈惠、依空等人百忙之中，指导编修；吉广舆等人奔走两岸，穿针引线；以及王志远、赖永海等大陆教授的辛勤撰述；刘国香、陈慧剑等台湾学者的周详审核；满济、永应等"宝藏小组"人员的汇编印行。他们的同心协力，使得这项伟大的事业得以不负众望，功竟圆成！

《中国佛教经典宝藏》虽说是大家精心擘划、全力以赴的巨作，但经义深邃，实难尽备；法海浩瀚，亦恐有遗珠之憾；加以时代之动乱，文化之激荡，学者教授于契合佛心，或有差距之处。凡此失漏必然甚多，星云谨以愚诚，祈求诸方大德不吝指正，是所至祷。

一九九六年五月十六日于佛光山

原版序
敲门处处有人应

慈惠

　　《中国佛教经典宝藏》是佛光山继《佛光大藏经》之后，推展人间佛教的百册丛书，以将传统《大藏经》精华化、白话化、现代化为宗旨，力求佛经宝藏再现今世，以通俗亲切的面貌，温渥现代人的心灵。

　　佛光山开山三十年以来，家师星云上人致力推展人间佛教，不遗余力，各种文化、教育事业蓬勃创办，全世界弘法度化之道场应机兴建，蔚为中国现代佛教之新气象。这一套白话精华大藏经，亦是大师弘教传法的深心悲愿之一。从开始构想、擘划到广州会议落实，无不出自大师高瞻远瞩之眼光，从逐年组稿到编辑出版，幸赖大师无限关注支持，乃有这一套现代白话之大藏经问世。

　　这是一套多层次、多角度、全方位反映传统佛教文化的丛书，取其精华，舍其艰涩，希望既能将《大藏经》

深睿的奥义妙法再现今世，也能为现代人提供学佛求法的方便舟筏。我们祈望《中国佛教经典宝藏》具有四种功用：

一、是传统佛典的精华书

中国佛教典籍汗牛充栋，一套《大藏经》就有九千余卷，穷年皓首都研读不完，无从赈济现代人的枯槁心灵。《宝藏》希望是一滴浓缩的法水，既不失《大藏经》的法味，又能有稍浸即润的方便，所以选择了取精用弘的摘引方式，以舍弃庞杂的枝节。由于执笔学者各有不同的取舍角度，其间难免有所缺失，谨请十方仁者鉴谅。

二、是深入浅出的工具书

现代人离古愈远，愈缺乏解读古籍的能力，往往视《大藏经》为艰涩难懂之天书，明知其中有汪洋浩瀚之生命智慧，亦只能望洋兴叹，欲渡无舟。《宝藏》希望是一艘现代化的舟筏，以通俗浅显的白话文字，提供读者遨游佛法义海的工具。应邀执笔的学者虽然多具佛学素养，但大陆对白话写作之领会角度不同，表达方式与台湾有相当差距，造成编写过程中对深厚佛学素养与流畅白话语言不易兼顾的困扰，两全为难。

三、是学佛入门的指引书

佛教经典有八万四千法门，门门可以深入，门门是无限宽广的证悟途径，可惜缺乏大众化的入门导览，不易寻觅捷径。《宝藏》希望是一支指引方向的路标，协助十方大众深入经藏，从先贤的智慧中汲取养分，成就无上的人生福泽。

四、是解深入密的参考书

佛陀遗教不仅是亚洲人民的精神归依，也是世界众生的心灵宝藏。可惜经文古奥，缺乏现代化传播，一旦庞大经藏沦为学术研究之训诂工具，佛教如何能扎根于民间？如何普济僧俗两众？我们希望《宝藏》是百粒芥子，稍稍显现一些须弥山的法相，使读者由浅入深，略窥三昧法要。各书对经藏之解读诠释角度或有不足，我们开拓白话经藏的心意却是虔诚的，若能引领读者进一步深研三藏教理，则是我们的衷心微愿。

大陆版序一

[签名]

　　《中国佛教经典宝藏》是一套对主要佛教经典进行精选、注译、经义阐释、源流梳理、学术价值分析，并把它们翻译成现代白话文的大型佛学丛书，成书于二十世纪九十年代，由台湾佛光文化事业有限公司出版，星云大师担任总监修，由大陆的杜继文、方立天以及台湾的星云大师、圣严法师等两岸百余位知名学者、法师共同编撰完成。十几年来，这套丛书在两岸的学术界和佛教界产生了巨大的影响，对研究、弘扬作为中国传统文化重要组成部分的佛教文化，推动两岸的文化学术交流发挥了十分重要的作用。

　　《中国佛学经典宝藏》则是《中国佛教经典宝藏》的简体字修订版。之所以要出版这套丛书，主要基于以下的考虑：

　　首先，佛教有三藏十二部经、八万四千法门，典籍浩瀚，博大精深，即便是专业研究者，穷其一生之精力，恐也难阅尽所有经典，因此之故，有"精选"之举。

其次，佛教源于印度，汉传佛教的经论多译自梵语；加之，代有译人，版本众多，或随音，或意译，同一经文，往往表述各异。究竟哪一种版本更契合读者根机？哪一个注疏对读者理解经论大意更有助益？编撰者除了标明所依据版本外，对各部经论之版本和注疏源流也进行了系统的梳理。

再次，佛典名相繁复，义理艰深，即便识得其文其字，文字背后的义理，诚非一望便知。为此，注译者特地对诸多冷僻文字和艰涩名相，进行了力所能及的注解和阐析，并把所选经文全部翻译成现代汉语。希望这些注译，能成为修习者得月之手指、渡河之舟楫。

最后，研习经论，旨在借教悟宗、识义得意。为了将其思想义理和现当代价值揭示出来，编撰者对各部经论的篇章品目、思想脉络、义理蕴涵、学术价值等所做的发掘和剖析，真可谓殚精竭虑、苦心孤诣！当然，佛理幽深，欲入其堂奥、得其真义，诚非易事！我们不敢奢求对于各部经论的解读都能鞭辟入里，字字珠玑，但希望能对读者的理解经义有所启迪！

习近平主席最近指出："佛教产生于古代印度，但传入中国后，经过长期演化，佛教同中国儒家文化和道家文化融合发展，最终形成了具有中国特色的佛教文化，给中国人的宗教信仰、哲学观念、文学艺术、礼仪习俗等留下了深刻影响。"如何去研究、传承和弘扬优秀佛教文化，是摆在我们面前的一个重要课题，人民东方出版传媒有限公司拟对繁体字版的《中国佛教经典宝藏》进行修订，并出版简体字版的《中国佛学经典宝藏》，随喜赞叹，寥寄数语，以叙因缘，是为序。

二〇一六年春于南京大学

大陆版序二

依空

　　身材高大、肤色白皙、擅长军事的亚利安人，在公元前四千五百多年从中亚攻入西北印度，把当地土著征服之后，为了彻底统治这里的人民，建立了牢不可破的种姓制度，创造了无数的神祇，主要有创造神梵天、破坏神湿婆、保护神毗婆奴。人们的祸福由梵天决定，为了取悦梵天大神，需要透过婆罗门来沟通，因为他们是从梵天的口舌之中生出，懂得梵天的语言——繁复深奥的梵文，婆罗门阶级是宗教祭祀师，负责教育，更掌控了神与人之间往来的话语权。四种姓中最重要的是刹帝利，举凡国家的政治、经济、军事、文化等等都由他们实际操作，属贵族阶级，由梵天的胸部生出。吠舍则是士农工商的平民百姓，由梵天的膝盖以上生出。首陀罗则是被踩在梵天脚下的土著。前三者可以轮回，纵然几世轮转都无法脱离原来种姓，称为再生族；首陀罗则连轮回的因缘都没有，为不生族，生生世世为首陀罗，子孙也倒霉跟着宿命，无法改变身份。相对于此，贱民比首陀罗更为卑微、低贱，连四种姓都无法跻身其中，只能从事挑粪、焚化尸体等最卑贱、龌龊的工作。

出身于高贵种姓释迦族的悉达多太子，为了打破种姓制度的桎梏，舍弃既有的优越族姓，主张一切众生皆平等，成正等觉，创立了佛教僧团。为了贯彻佛教的平等思想，佛陀不仅先度首陀罗身份的优婆离出家，后度释迦族的七王子，先入山门为师兄，树立僧团伦理制度。佛陀更严禁弟子们用贵族的语言——梵文宣讲佛法，而以人民容易理解的地方口语来演说法义，这就是巴利文经典的滥觞。佛陀认为真理不应该是属于少数贵族、知识分子的专利或装饰，而应该更贴近普罗大众，属于平民百姓共有共知。原来佛陀早就在推动佛法的普遍化、大众化、白话化的伟大工作。

佛教从西汉哀帝末年传入中国，历经东汉、魏晋南北朝、隋唐的漫长艰巨的译经过程，加上历代各宗派祖师的著作，积累了庞博浩瀚的汉传佛教典籍。这些经论义理深奥隐晦，加以书写的语言文字为千年以前的古汉文，增加现代人阅读的困难，只能望着汗牛充栋的三藏十二部扼腕慨叹，裹足不前。

如何让大众轻松深入佛法大海，直探佛陀本怀？佛光山开山宗长星云大师乃发起编纂《中国佛教经典宝藏》。一九九一年，先在大陆广州召开"白话佛经编纂会议"，订定一百本的经论种类、编写体例、字数等事项，礼聘中国社科院的王志远教授、南京大学的赖永海教授分别为中国大陆北方与南方的总联络人，邀请大陆各大学的佛教学者撰文，后来增加台湾部分的三十二本，是为一百三十二册的《中国佛教经典宝藏精选白话版》，于一九九七年，作为佛光山开山三十周年的献礼，隆重出版。

六七年间我个人参与最初的筹划，多次奔波往来于大陆与台湾，小心谨慎带回作者原稿，印刷出版、营销推广。看到它成为佛教徒家中的传家宝藏，有心了解佛学的莘莘学子的入门指南书，为星云大师监修此部宝藏的愿心深感赞叹，既上契佛陀"佛法不舍一众"的慈悲本怀，更下启人间佛教"普世益人"的平等精神。尤其可喜者，欣闻现大陆出版方东方出版社潘少平总裁、彭明哲副总编亲自担纲筹划，组织资深编辑精校精勘；更有旅美企业家鲁彼德先生事业有成之际，秉"十方来，十方去，共成十方事"之襟怀，促成简体字版《中国佛学经典宝藏》的刊行。今付梓在即，是为序，以表随喜祝贺之忱！

二○一六年元月

目　录

题

解

《大日经》，全称《大毗卢遮那成佛神变加持经》，略称《大毗卢遮那成道经》《毗卢遮那成佛经》《毗卢遮那经》。梵文题：

Mahā-vairocanābhisambodhi-vikurvitādhiṣṭhāna-vaipulya-sūtraindra-rāja-nāma-dharmapary ā ya. 或 Mahā-vairocana-visambodhi-vikṛinita-dhiṣṭa-sūtram-indra-rā ja. 藏文译本题：Rnam-par snaṅ-mdsad chen-po m ṅ onpar rdsogsparbyaṅ -chub-pa rnam-par sprul-ba byin-gyis rlob-pa śintu rgyas-pa mdosdeḥi dha ṅ -po rgyal-po shes-bya-baḥi chos-kyi rnam-graṅs.

　　据记载，《大日经》的梵文原本有广、略两种，传说广本有十万偈，因为篇幅太大，不便于流通，有传法贤圣简繁摘要，编集为略本。而略本的大小，又有不同的说法，崔牧《大日经序》说有两千五百颂，一行《大日经疏》说有三千余颂，《义释》说有三千颂，海云《两部大法相承师资付法记》则说有四千颂，二千五百颂是更简要的略本。十万颂的广本，有其说而不一定有其事，因为密教的很多经典都被说成有十万颂。即使真有其事，也没有流行过，流行的是所谓的略本。

流行于世的梵本虽然有好几种本子的说法，但从传入中国的情况来看，只有一种流行本，即按《大日经疏》说有三千余颂的那个版本，因为前后相隔三十年而出现的汉藏两种译本的篇幅都相当接近。梵文原本早已散佚不存，现在留存下来的仅是汉、藏两种译本。

汉译本，据智升《开元释教录》卷九记载，译于唐玄宗开元十二年（公元七二四年），是善无畏应一行的请求，在洛阳大福先寺主持翻译的，由宝月充任译语，一行充任笔受，并修改润饰，整订而成。但所据梵本早在四十年前就已传入，据《开元录》同载，梵本由无行从印度携至北印度境内，病故之后由朝廷派使者前去迎归，收藏在西京华严寺。

无行在北印度的时间，据义净《大唐西域求法高僧传》卷下等记载，义净在武则天光宅元年（公元六八四年）离开那烂陀寺时，听无行说准备取道北印回国，按此则无行当于翌年行至北印度境内。

汉译本问世之后，随即传抄流行，不久由密宗僧人和入唐求法僧传入日本、韩国等诸国，现在日本奈良西大寺仍藏有天平神护二年（唐代宗大历元年，公元七六六年）吉备由利写本，唐招提寺也藏有奈良时代的写本。

自从宋初开雕第一部大藏经《开宝藏》之后，《大日经》随历代大藏经的雕版印行而有了各种藏版印本，其中还有房山石经本。日本另有弘安二年（南宋祥兴二年，公元一二七九年）高野版、应永二十三年（明成祖永乐十四年，公元一四一六年）高野版、延宝八年（清康熙十九年，公元一六八〇年）版等数种古版。

另外，十一世纪中叶由汉文大藏经转译、雕印成西夏文大藏经，十八世纪末由汉文转译、雕印成满文大藏经，于是《大日经》有了西夏文、满文各种版本。藏译本，据记载译于赤松德赞统治的前期，比汉译本出现的时间晚三十年，由印度论师戒自在觉（Śilendra-bodhi）和吐蕃翻译官德积（Dpal-brtsogs）译出。自十四世纪起，收入各种版本的甘珠尔，广为流传。

不久，又雕刻蒙古文大藏经，清康熙年间前期又重刻蒙古文甘珠尔，均由藏文译本转译，于是《大日经》又有蒙古文版本。近代还有从藏汉译本转译的日、法等文的节译本。

《大日经》是秘密佛教中一部很重要的经典。它是行部密教的根本经典，是胎藏界密法的集成者，它代表着一个流派、一种密法，其具有的重要地位和价值自不待言。《大日经》也是中国密宗以及由此而来的日本密宗和韩国密宗的根本经典之一，与《金刚顶经》并称两部大法。因为它有一部逐字逐句详注精疏的注释本《大日经疏》，其地位和影响在三国密宗中很突出。

　　在吐蕃时代，《大日经》译出之后，也因为有了佛密的注释，影响盛极一时。所以，《大日经》在研究中日韩三国密宗以及藏传前弘期旧密上，皆具有十分重要的价值和意义。然而，它的地位和影响远远超出本宗本派的范围。

　　从秘密佛教发展的整个历史进程来看，它处在一个承先启后的地位，它一方面使密教体系化、理论化，另一方面又奠定了后来的秘密佛学发展的基础，开密教一元论思想之先河。

　　在《大日经》产生之前，事部密教已有相当的发展，也有了像《金刚大道场经》这样据称有十万偈的庞大而自成一家的经典，但无论在思想上还是在修法上，都没有体系化、理论化，尤其缺少从佛学的理论角度来确立本派的学说。

　　最早出现的陀罗尼经典，不仅修法上单一，而且往往依附于大乘经典，没有自己的独立性。后来的事部密典虽然自成一家，独树一帜，但只讲供养修行，托附于大乘义理，没有本派特色。

而《大日经》总结以往的密教，一方面把密教的修行实践体系化，明确三密的修行方法，并把修行实践加以理论的概括，提出因根究竟的修行理论，而更重要的是把密教进行佛教化，使其同带有浓厚的婆罗门教及印度教和民间信仰特色的怛特罗密教彻底区分开来，成为佛教之怛特罗。

另一方面在吸取大乘佛教中观派和瑜伽派的理论学说基础上，建立本宗本派的学说体系，把密教佛学从大乘佛学中分离出来，使密教也在理论学说上自为一乘。

秘密佛教各派，尽管不是从一个统一的模式中分化衍生而来，各自兴起的地方也有所不同，流行的时间有先有后，所受的影响也大不一样。但纵观整个历史发展的过程，各派之间有内在的相互联系和前后的相承接续关系，这不仅表现在密法上的逐渐完善和发展，而且还表现在哲学思想上的承袭和演变。

再者，后来各派所讲的五部，亦是从《大日经》的三部五佛演化而来。甚至后来各派强调众生与佛的同一性和无分别性，视贪染为净菩提，在修行实践中重视体证莲花与金刚的合二为一的原理，都是导源于《大日经》即心是佛、自心自觉的一元论思想。这一思想自从《大日经》论证阐明之后，一直贯串于各派密教思想之中，是密教哲学思想的主要倾向。

另外，《大日经》还确立了密教的信仰体系和神灵体系，其中如大日如来被奉为秘密佛教至高无上的主尊和教主，并赋予法身佛的意义，从现有数据看是始自于《大日经》的。所以，《大日经》在整个秘密佛教中也占有十分重要的地位，对于研究秘密佛教学说的发展和研究秘密佛教同大乘佛教的关系，都具有重要的意义。《大日经》还以一章的篇幅专门阐明论证了密教的基本教义，与其他只偏重于密法仪轨的密典相比，更具有较强的理论和哲学色彩，因而也被大乘各派各宗所看重，在显教中具有一定的影响。

又《大日经》兼收中观、瑜伽二派的思想以建立自己的佛教学说，因而在一定程度上反映了二派在当时的影响。《大日经》中也较多地反映了当时及其以前印度其他各宗教和哲学派别的观点，这就对研究当时的佛教和其他各教各派的思想，具有一定的参考价值。

《大日经》汉译正文三十一品，本着所选即其中第一品《入真言门住心品》，和第二品《入漫荼罗具缘真言品》。之所以节选这两品，是因为这两品具有典型性，是该经的精要部分，可以代表该经。

《大日经》从内容上可分为两大部分，第一大部分即第一品，讲述该经的基本教义，统论全经大意。第二大部分即第二品及其以后各品，讲述胎藏界密法及其修行的各种仪轨。其中第二品集中讲述该经的主要密法大悲胎藏生大漫荼罗法，是第二大部分的精要，把其余各品可以看作是对该品的补充和扩大，所以此品可以代表第二大部分的主要内容。一行《大日经疏》共二十卷，其中有近九卷注释第一品和第二品，足见作者对此两品之重视。

　　《大日经》汉译本共七卷三十六品，其中第七卷最后五品为善无畏之作《大毗卢遮那经供养次第法》，故《大日经》正文实为六卷三十一品。藏译本共两编三十六品，其中外编七品中的前五品为护摩法，后两品为持诵法和如来生漫荼罗加持法，故内编正文实为二十九品，其内容与汉译本正文相当，仅品目的设立和前后顺序及文字有所差异。

　　具体来说，藏译第十三品为汉译第十四品，藏译第十四品为汉译第十三品。藏译第七、八、九品为汉译第二十八、二十九、三十品，藏译第六品即为汉译第六、七品，藏译第二十七品即为汉译第二十七、三十一品。

　　按汉译本，第三《息障品》主要讲如何消除择地造坛、受职灌顶时出现的障碍，以及不动明王法。

第四《普通真言藏品》讲漫荼罗诸尊真言种子等一百六十九咒。

第五《世间成就品》主要说世间有相悉地成就中的四种念诵法。

第六《悉地出现品》主要说出世间无相悉地成就等。

第七《成就悉地品》主要说修行成就及内心成就悉地之来处等。

第八《转字轮漫荼罗行品》主要说转字轮观想法。

第九《密印品》主要说诸尊密印。

第十《字轮品》主要说三部字轮观。

第十一《秘密漫荼罗品》主要说秘密大漫荼罗及十二漫荼罗等。

第十二《入秘密漫荼罗法品》说漫荼罗灌顶入坛法。

第十三《入秘密漫荼罗位品》说入坛后住法佛平等大空位。

第十四《秘密八印品》说秘密漫荼罗中台八叶院四佛四菩萨之秘印。

第十五《持明禁戒品》说真言修行者所遵守的禁戒。

第十六《阿阇梨真实智品》说漫荼罗中阿阇梨真实智心。

第十七《布字品》说自身布字观修法。

第十八《受方便学处品》说诸菩萨禁戒。

第十九《百字生品》说暗字生百字门之理。

第二十《百字果相应品》说百光遍照王之果地万德。

第二十一《百字位成就品》说百光遍照王成就之相。

第二十二《百字成就持诵品》说百光遍照王阿等诸字门持诵法。

第二十三《百字真言法品》说百字互相摄入法。

第二十四《菩提性品》说菩提心义。

第二十五《三三昧耶品》说三平等之义。

第二十六《如来品》说如来诸号之义。

第二十七《世出世护摩法品》说世间、出世间护摩法。

第二十八《本尊三昧品》说本尊字印形像。

第二十九《无相三昧品》说诸法无相义。

第三十《世出世持诵品》说三密持诵法轨。

第三十一《嘱累品》说付嘱授受事。

汉译本的第七卷和藏译本的外编，虽不是《大日经》原来的内容，但因附在正文一并流通，且可作为对该经的一种补充、运用，故在此亦略作介绍。

汉译本《供养次第法》主要说胎藏界大日一尊的供养法。

第一《真言行学处品》说归敬劝进序和精勤修行序。

第二《增益守护清净行品》主要说九方便、入佛三昧耶、法界生、金刚法轮、掷金刚、啰字观、无堪忍等印明。

第三《供养仪式品》主要说诸尊供养法及种子真言等。

第四《持诵法则品》主要说有相、无相、变字成身、本尊三昧随息、意支念声真言、修无定、乐求现法成就、大日三密速得、释迦真言成就、秘密事业可解等十种念诵法门。

第五《真言事业品》也说十种修行法门。

藏译本外编第一为《寂静护摩仪轨品》，第二为《增益护摩仪轨品》，第三为《摄召护摩仪轨品》，第四为《降伏护摩仪轨品》，第五《观字庄严灌顶品》说观自在菩萨成就一切真言种子义等，第六《持诵仪轨品》与汉译本《供养次第法》第一品内容相当，第七《如来生大漫荼罗加持品》与汉译正文第一、二品中说相之内容相当。

《大日经》的注释很多，其中最主要的有二部，一部是一行的汉文注释《大日经疏》，通常称作《大疏》或《本疏》，原有数种传本，现有两种，一即二十卷本《大日经疏》；一即十四卷本《大日经义释》，自十二世纪末叶起刻版流行，现有《缩刷藏》《卍续藏》《大正藏》等本。另一部是觉密（Buddha-guhya）的藏译注释

《大日经注释（Vairocanābhisaṃbodhi-tantra vṛtti，藏译题 Rnam-par-snaṅ-mdsod-mṅon-par-byaṅ-chub-paḥi-rgyud kyi-ḥgrel-pa），有未再治本和再治本两种传本。现存在各种版本的《丹珠尔》藏经中。

就《大日经》的译者来说，藏译本译者戒自在觉和德积生平不详。汉译本的译者善无畏和一行及宝月均有史料记载。据李华《大唐东都大圣善寺故中天竺国善无畏三藏和尚碑铭并序》及《玄宗朝翻经三藏善无畏赠鸿胪卿行状》等记载，善无畏（Śubhakarasiṃh）音译成婆揭罗僧诃，略作输波迦罗（公元六三七—七三五年），原籍中印度摩揭陀国（Magadha，在今比哈尔邦南部），出生于东印度乌荼国（Udra，在今奥里萨邦北部一带），刹帝利种姓，相传为释迦牟尼佛季父甘露饭王第五十五代孙（一说五十二代孙）。

十三岁嗣王位，十八岁舍位出家，旋至中印度受具足戒，遍学三藏，并拜那烂陀寺"掌定门之秘钥，佩如来之密印"之达磨鞠多为师，专学密藏，究习事行二部，得到胎藏密法的真传。后来游学各国，破斥外道，于是"名震五天，尊为称首"。

八世纪初年遵师命前往中国传法，至北印度境内，名声已传到长安，唐中宗派使者到玉门关迎接。唐玄宗开元四年（公元七一六年）到达长安，玄宗礼之以国师，尊之以教主，敕住内道场受供。一年后移居兴福寺南塔院及西明寺菩提院，开始译经传法。

开元十二年随驾入洛，先住大福先寺，后移居圣善寺。期间主持译出的经典除《大日经》外，尚有《苏婆呼童子经》一卷、《苏悉地经》三卷等。开元二十三年（公元七三五年）十一月七日圆寂，春秋九十九，僧夏八十，赠鸿胪卿，归葬龙门西山广化寺。

善无畏除译著及《大日经供养次第法》之外，另有其弟子整理的《无畏禅要》一卷。善无畏在唐以传胎藏界密法为主，兼授禅法。其传法弟子主要有一行、玄超、义林、不可思议、智俨、温古、道慈、宝思、明思等，俗弟子有李华等。其中一行著《大日经疏》，智俨、温古整理修改《大日经义释》，不可思议著《大日经供养次第法疏》，将善无畏所传之法付之笔端，留之千古。而玄超授法中土，义林东传朝鲜，使善无畏所传之法后继有人，世代相传。

《大日经》的笔受者和注释者一行（公元六八三—七二七年），据唐玄宗《御撰大慧禅师一行碑铭》《旧唐书》本传等记载，俗姓张，名遂，河北巨鹿（一说魏州昌乐，今河北、河南、山东交界的南乐一带）人，出生于官宦书香世家，自小披习经史，备学九流。

早年研求易学，著《大衍玄图》及《义诀》而少小闻名。二十一岁父母双亡，受戒出家，先拜嵩山普寂为师，修习禅门，数年之后往荆州当阳山（位于今湖北省当阳市境内），依悟真律师习律，撰《调伏藏》十卷。开元五年（公元七一七年）征诏入京。此后十年，一方面从事天文历法活动，改进和创制天文、大地测量仪器，组织两次大规模的天文、大地测量，第一次测算出地球子午线的长度，又编撰《开元大衍历》。一方面从事佛法事业，同善无畏和金刚智一起共同建立了密宗一派。

开元五年回到长安之后，随即拜善无畏为师，从其灌顶受法，又请善无畏译出《大日经》，为其笔受润文。开元八年金刚智到达长安之后，又拜其为师，受金刚界密法。开元十一年（公元七二三年）请金刚智译出《金刚顶瑜伽中略出念诵经》等经典。一行又在善无畏解说的基础上，征诸经论，详注经疏，融会贯通，撰出二十卷的《大日经疏》，为密宗学说建立了理论体系。

据圆照《大唐贞元续开元释教录》等记载，一行还撰有一部佛教著作《释氏系录》一卷，其他著作还有《法象志》《后魏书·天文志》《大衍论》《周易论》等①。

一行这位科学巨匠、法界明星，尽管功勋卓著、硕果累累，然却以四十五岁之龄早谢人世。开元十五年

（公元七二七年）十月十八日圆寂之后，玄宗亲撰碑铭，起塔铜人原，赐号大慧禅师。

《大日经注释》的作者觉密（Buddha-guhya），据多罗那他《印度佛教史》等记载，生活于八世纪的达摩波罗王朝时期，为密教大师觉智足早年的上首弟子，精通事、行、瑜伽三部密法。曾在波罗奈斯（Varanasi，今恒河左岸之瓦腊纳西）修行文殊法，获得神通。与法兄觉寂（Budha-Sānti）同往南印补陀罗迦山亲谒观世音菩萨，得到指授而获成就。后来又到喀喇斯山（Kailāsa）修行，亲见金刚界大漫荼罗。

之后吐蕃赞普赤松德赞曾派遣使者卫、文殊师利（Mañjuśrī）等前去迎请，但因年老未能应聘入藏，但讲说事、行、瑜伽三部秘法，传授于使者，并著《金刚界修法入瑜伽》《大日经注释》《后静虑广释》等，让使者带回藏地。今藏文大藏经有觉密《大日经集义》一卷、《说漫荼罗法经》《秘经义入门》等密教著作。

注释：

①有关一行的著述，见拙文《一行著述叙略》，《文献》一九九一年第二期。

1 入真言门住心品

大毗卢遮那成佛神变加持经 [①]

大唐天竺三藏善无畏 [②] 共沙门一行译

入真言门住心品 [③]

如是我闻：一时薄伽梵，住如来加持广大金刚法界宫，一切持金刚 [④] 者皆悉集会。

如来信解游戏神变，生大楼阁宝王，高无中边，诸大妙宝王种种间饰，菩萨之身为师子座。

其金刚名曰：虚空无垢执金刚、虚空游步执金刚、虚空生执金刚、被杂色衣执金刚、善行步执金刚、住一切法平等执金刚、哀悯无量众生界执金刚、那罗延力执金刚、大那罗延力执金刚、妙执金刚、胜迅执金刚、无垢执金刚、刃迅执金刚、如来甲执金刚、如来句生执金刚、住无戏论执金刚、如来十力生执金刚、无垢眼执金刚、金刚手秘密主⑤，如是上首十佛刹微尘数等持金刚众俱。及普贤菩萨、慈氏菩萨、妙吉祥菩萨、除一切盖障菩萨等诸大菩萨，前后围绕而演说法，所谓越三时如来之日加持故，身语意平等句法门⑥。

时彼菩萨普贤为上首，诸执金刚秘密主为上首，毗卢遮那如来加持故，奋迅示现身无尽庄严藏，如是奋迅示现语意平等无尽庄严藏，非从毗卢遮那佛身或语或意生，一切处起灭边际不可得。

而毗卢遮那一切身业、一切语业、一切意业、一切处、一切时，于有情界宣说真言道句法。又现执金刚、普贤、莲华手菩萨等像貌，普于十方，宣说真言道清净句法，所谓初发心乃至十地次第，此生满足，缘业生增长，有情类业寿种除，复有芽种生起。

注释

① "经"字之后，诸本均有标明卷数的"卷第一"三字，底本还有标明帙号的"染"字，今均略去。《大毗卢遮那成佛神变加持经》，亦略称《大毗卢遮那成道经》《毗卢遮那成佛经》，略称《大日经》。梵文

题：Mahā-vairocanābhisaṃbodhi-vikurvatī-adhiṣṭhāna-vaipulya-sūtra-indarājā-nama-dharmaparyāya. 或 Mahā-vairocana-visaṃbodhi-vikrinita-dhiṣṭa-sūtram-indra-rā-ja. 藏文译本题：Rnam-par snaṅ-mdsad chen-po mṅon-par rdsogs-par byaṅ-chub-pa rnam-par sprul-ba byin-gyis rlob-pa śin-tu rgyas-pa mdo-sdeḥi dhaṅ-po rgyal-po shes-bya-baḥi chos-kyi rnam-graṅs. 大毗卢遮那，或译作"摩诃毗卢遮那"，略作"毗卢遮那"，显教各派又有别的译法，均为梵文 mahā-vairocana 的音译。"摩诃"，有"大"之义；"毗卢遮那"，有"日""光明遍照"之义。故意译作"大日""大遍照"，为秘密佛教奉为最高之佛的名号，通常称作"毗卢遮那佛""大日如来"。

一行《大日经疏》解释说："梵音毗卢遮那者，是日之别名，即'除暗遍明之义也'。"（卷一）"如世间之日，能除一切暗冥，而生长一切万物，成一切众生事业。今法身如来亦复如此，故以为喻也。"（卷十六）然"世间之日不可为喻，但取其少分相似故，加以大名，曰摩诃毗卢遮那也"。（卷一）

而《金刚顶金大瑜伽秘密心地法门义诀》又有不同的解释，说："梵云毗卢遮那，此翻最高显广眼藏如来。毗者，最高显也；卢遮那者，广眼也。先有翻为遍照王如来也，又有翻为大如来，此并略而名义阙也。"密教以大如来为法身佛，亦为建立本宗教法之教主，而显教各派依据不同的译名，又有不同的解释。

②"大唐天竺三藏善无畏"，与丽本同。《大正新修大藏经》校宋、元、明、宫，《中华大藏经》校石、资、碛、普、南作"大唐中天竺三藏输波迦罗"，《大正藏》校明，《中华藏》校径、清作"唐中天竺三藏输波迦罗"。

③"品"字之后，诸本均有标明品数之"第一"二字，今略去。据《疏》说，该品梵本原有二题，初题《修真言行品》，次题《入真言门住心品》，故现题兼有"入住""修行"二义。真言，为梵文 mantra 的意译，音译作"漫怛攞"。词根 man，有"思维"之义，后缀 tra，有"用具"之义，合起来就有"用来思维之工具即言语词汇"之义。

在密教中真言具有真实而非虚妄的言语之义。《疏》说："真言，梵曰漫怛攞，即是真语、如语、不妄不异之音。"（卷一）不空《总释陀罗尼义赞》说："真者，真如相应；言者，真诠义。"

从广义上说，真言具有四种含义：法真言，清净法界以为真言；义真言，胜义相应，一一字中有实相义；三摩地真言，由瑜伽者用此真言于心镜月轮上布列真言文字，专注心不散动，速疾证三摩地；文持真言，从唵字至娑、啰、贺，于其中间所有文字，一一皆名真言。而从分类上说，有如来说、菩萨金刚说、二乘说、诸天说、地居者说五种，前三种通称圣者真言，后二种通称诸神真言。密教认为真言具有一种不可思议的神秘力量，以此加持，小则可祛病除害，护身积福，大则可消除罪业，超生净土，相应成佛。

因念诵、观修真言是密教修行的主要方法，所以密教往往自称真言宗、真言行者，称其教法为真言门、真言教。真言，也称密语、密言、密号。由于真言的念诵形式及其用法、功能、意义等，与陀罗尼（梵文 dhāraṇī 的音译，意译总持）、明（梵文 vidyā 的意译，有知识之义）、民间禁咒相似，故往往互译混用。

④持金刚：为梵文 vajra-dhara 的意译，音译伐折罗陀罗。vajra，音译伐折罗、跋折罗、嚩日罗，意译金刚杵、金刚智杵、坚慧杵，原为古代印度的一种武器，在密教中作为一种法具，表示如来智慧力的标帜。dhara，有执持之义，故持金刚，亦译作执金刚，有执持如来智印之金刚杵者之义。持金刚是密教中主要的一类神，与表现如来"慈"一面的菩萨相对应，表现如来"悲"的一面，摄伏摧破一切烦恼之敌（《疏》卷一、五等）。

⑤金刚手秘密主：或称金刚手、执金刚、持金刚、

秘密主、持金刚具慧者，有时称金刚萨埵，特指诸执金刚中为首者。以手持金刚杵，名金刚手，以执持如来身语意三密，而为心密之主，名秘密主。密教认为大日如来的密法，均由金刚手亲承传诸于世的（《疏》卷一、不可思议《大日经供养法疏》卷上、《理趣释》等）。

⑥身语意平等句法门：指本经所要说的教法。身语意平等，是说如来种种三业，都达到了第一实际、极妙之境，身等于语，语等于心，三业平等无别。句，有"止住""住处"之义；平等句，就是达到了三业平等、三密相应之处的意思。

密教认为如果修行者以身平等之密印、语平等之真言、意平等之妙观，作为进趣修行的方法和途径，便可逮见加持受用身，成就平等智身，相应成佛。故《疏》指出："是故住此乘者，以不行而行，以不到而到，而名为平等句。一切众生皆入其中，而实无能入者，无所入处，故名平等。平等法门，则此经之大意也。"（卷一）下文所说的"真言道清净句法门"，与此身语意平等句法门的含义相同，说"清净"，也就是从身语意三业平等无异的意义上去说的。

译文

我是这样听说的：有一天大日如来住在佛所加持的高大无比的金刚法界宫殿，所有的执金刚、无数的菩萨以及众多的天神仙人，都到这里来集会。

这时大日如来以他那超越时空的神通之力，化现出一幢最为珍稀的大楼阁，其高没有上，其大没有边，种种珍宝，装点其间，光采耀眼，金碧辉煌，香烟缭绕之中，宝铎和鸣，幡盖高扬，妙乐悠悠。大日如来安然端坐在以其菩萨之身化的师子座上。（所有的集会者环绕而坐，重重迭迭，层层排排，其数之多如恒河之沙，其量之广如佛刹微尘，而近佛侍坐者，则是以金刚手秘密主为首的上首执金刚，和以普贤菩萨为首的上首大菩萨。）

其中上首执金刚有：虚空无垢执金刚、虚空游步执金刚、虚空生执金刚、被杂色衣执金刚、善行步执金刚、住一切法平等执金刚、哀悯无量众生界执金刚、那罗延力执金刚、大那罗延力执金刚、妙执金刚、胜迅执金刚、无垢执金刚、刃迅执金刚、如来甲执金刚、如来句生执金刚、住无戏论执金刚、如来十力生执金刚、无垢眼执金刚、金刚手秘密主。上首菩萨有：普贤菩萨、慈氏菩萨、妙吉祥菩萨、除一切盖障菩萨等诸大菩萨。

所有的与会者静静地坐在那里，翘首而望，想在这超越过去、现在、未来三时的佛日圣时，亲耳聆听大日世尊宣讲的住语意平等处法门。

就在这时以金刚手为首的诸大执金刚，以普贤为首的诸大菩萨以及所有大会之众，都因受到如来神力之加持，眼前忽然映现出佛以神通化现的种种境界，看见神奇莫测的世界，目睹从未曾有过的胜事，听见妙语深论，闻诸悦声绝音，犹如置身其中，彷如自他不别，茫茫然，不知此境此情来从何处，去向何方，起灭边际不得而知。

又所至之处，所历之时，都见闻大日世尊为一切有情大众宣讲真言教法。而眨眼之间，又见闻金刚手、普贤、莲花手等菩萨像貌者，出现在十方世界之中，宣说真言道最清净高妙之教法，这就是如何从发菩提心开始，一步步地修行，渐次达到十地，而就能在此生中，如何消除造成身口意种种虚妄不清净业，及导致轮回六趣、备受诸苦的根源——业寿种子，由此进而得到如来平等种子，并在大悲藏中生出佛性之芽，及至增长成果这样一个道理和门径。

原典

尔时，执金刚秘密主于彼众会中坐白佛言：

世尊，云何如来应供、正遍知，得一切智智？彼得一切智智，为无量众生广演分布，随种种趣、种种性欲、种种方便道，宣说一切智智。或声闻乘道、或缘觉乘道、或大乘道、或五通智道，或愿生天、或生人中，及龙、夜叉、干闼婆，乃至说生摩睺罗伽法。

若有众生应佛度者，即现佛身，或现声闻身，或现缘觉身，或菩萨身，或梵天身，或那罗延、毗沙门身，乃至摩睺罗伽、人、非人等身，各各同彼言音，住种种威仪。而此一切智智道一味，所谓如来解脱味。

世尊，譬如虚空界离一切分别、无分别、无无分别。世尊，譬如大地，一切众生依，如是一切智智，天、人、阿修罗依。世尊，譬如火界，烧一切薪无厌足，如是一切智智，烧一切无智薪无厌足。世尊，譬如风界除一切尘，如是一切智智，除去一切烦恼尘。世尊，譬如①水界，一切众生依之欢乐，如是一切智智，为诸天世人利乐。世尊，如是智慧以何为因？云何为根？云何究竟？

如是说已，毗卢遮那佛告持金刚秘密主言：善哉！善哉！执金刚，善哉！金刚手，汝问如是义，汝当谛听，极善作意，吾今说之。

金刚手言：如是，世尊，愿乐欲闻。

佛言：菩提心为因^②，悲为根^③，方便为究竟^④，秘密主，云何菩提？谓如实知自心^⑤。秘密者，是阿耨多罗三藐三菩提，乃至彼法少分无有可得。何以故？虚空相是菩提，无知解者，亦无开晓。何以故？菩提无相故。秘密主，诸法无相谓空虚。

尔时，金刚手复白佛言：世尊，谁寻求一切智？谁为菩提成正觉者？谁发起彼一切智智？

佛言：自心寻求菩提及一切智。何以故？本性清净故。心不在内、不在外、及两中间^⑥，心不可得。秘密主，如来应正等觉，非青非黄，非赤非白，非红紫非水精色，非长非短，非圆非方，非明非暗，非男非女，非不男女^⑦。

秘密主，心非欲界同性，非色界同性，非无色界同性，非天、龙、夜叉、干闼婆、阿修罗、迦楼罗、紧那罗、摩睺罗伽、人、非人趣同性。

秘密主，心不住眼界，不住耳、鼻、舌、身、意界，非见非显现。何以故？虚空相心离诸分别、无分别。所以者何？性同虚空，即同于心，性同于心，即同菩提。如是，秘密主，心、虚空界、菩提三种无二。此等悲为根本，方便波罗蜜满足。

是故，秘密主，我说诸法如是，令彼诸菩萨众菩提心清净，知识其心。秘密主，若族姓男、族姓女，欲识知菩提，当如是识知自心。秘密主，云何自知心？谓若分段，或显色、或形色、或境界，若色，若受、想、行、识，若我、若我所，若能执、若所执，若清净，若界，若处，乃至一切分段中，求不可得。

秘密主，此菩萨净菩提心⑧门，名初法明道。菩萨住此修学，不久⑨勤苦，便得除一切盖障三昧。若得此者，则与诸佛菩萨同等住，当发五神通，获无量语言音陀罗尼⑩，知众生心行，诸佛护持，虽处生死而无染着，为法界众生不辞劳倦，成就住无为戒⑪，离于邪见，通达正见。

复次，秘密主，住此除一切盖障菩萨信解力故，不久勤修，满足一切佛法。秘密主，以要言之，是善男子、善女人无量功德皆得成就。

注释

①"譬如"，原作"喻如"，丽本同，今按《疏》文及上下文用词一致，改正。

②**菩提心为因**：讲修行的依据和起因。菩提心，在此具有双重含义，一指众生本来具有的、与佛共同无

别的本性，也就是觉悟成佛的因性、内在根据、本原或可能性。二指追求菩提真理的自信心、信心力。《大智度论》所谓"佛法大海，信为能入"，就是指此而言。因一指内因，即作为内在根据的菩提心，二指外因，即作为外在条件的菩提信心。

③**悲为根**：讲修行的基本条件和过程。悲，据《疏》解释，兼有慈、悲二义，"慈如广植嘉苗，悲如芸除草秽"，一方面要发慈爱之心，施乐与善，广修福业，而在修行上积极进取、增长净心。另一方面要发悲悯之心，拔苦除难，勇猛无畏，而在修行上不断克服重重障碍、扫清一切烦恼尘。二者相辅相成，不可缺一。总之，要具足种种因缘条件，要有坚固的基础，这叫"大悲万行"，而这也就是修行的全部过程和活动。所谓根，原意为执持，如树之根执持茎叶华果，使其立而不拔，在此指修行进的基础和净心逐渐增长成熟的各种条件。根，校本作"根本"，《中华藏》校资、碛、普、南、径、清、丽作"根本"。今按《疏》文及其文义，仍从底本。菩提心为因，悲为根，方便为究竟，略称因根究竟三句，或称因行果三句。三句，为密教修行全过程的理论概括。

④**方便为究竟**：讲修行的方法和目的、结果。方便，即技巧、方法、途径，在此特指三密方便，即身密之印契、语密之真言、意密之瑜伽观想。究竟，即结

果、终极，指成佛之果、菩提之境、正觉之智。方便为究竟，就是以三密方便相应成佛。而更深一层的含义，则是当认识到成佛之因而增发信心，进修慈悲万行，一切圆际之时，染污即是清净，烦恼即是菩提，众生即是佛，世间即是出世间。在此方便，是与究竟相对应的一个概念（《疏》卷一、《理趣经》《摄真实经》等）。

⑤ **如实知自心**：为密教教义中的一个重要命题，而在本经中则是一个核心命题。所有哲学上的论证都可以归结到这一句话上，《疏》中也着重阐发了这一命题的基本涵义。如实知自心，简言之，就是完全、真实地观察，认识和体证众生自心的本性，亦即真实地存在。所谓成菩提，实际上就是如实地认识和体证自心，以自心证知自心，以自心觉悟自心。自心即是佛心，自心即是道，别无其他。但在现实中何以有众生和佛的区别呢？何以众生轮回生死呢？其原因就是众生不能如实地证知自心。如果众生能如实证知，心自证心，心自觉心，则初发心时便成正觉（《疏》卷一）。

⑥ **心不在内……及两中间**：内、外，指内六处、外六处；两中间，即六识（《疏》卷一）。

⑦ **非青非黄至非不男女**：均指印度各种宗教的和哲学的宗派观点，即针对关于"真我"的各种看法而言。如有的说真我的颜色是青的或黄的，有的说真我的

形状是圆的或方的等等。

⑧ 净菩提心"，原作"菩提心"，《中华藏》校资、碛、普、南、径、清、丽作"净菩提心"，今按校本及《疏》文补入"净"字。

⑨ "久"，原作"欠"，今按校本及《疏》文，改正。

⑩ 陀罗尼：在此指其原义，即取总持不忘之义，获无量语言音陀罗尼，就是说能够获得对于各种语言方言，包括三界天人语言的总持通达。陀罗尼原为古代印度的一种记忆方法，用来记忆和背诵冗长的经文诗赞。后来才演变为陀罗尼神咒，与真言、明咒、咒术相混（参见《大智度论》卷五、《佛地经论》卷五、《总释陀罗尼义赞》）。

⑪ 戒：此有"清冷"之义，如水性之清冷，虽薪火而终不变其本性。住无为戒，即止住于心之常恒不变之本性（《疏》卷一）。

译文

就在这时，金刚手秘密主见大日世尊有如此大的神通，具有如此高的智慧，而能在同时为各种有情众生宣说妙法，便在大会中坐着向佛问道：

世尊，我们应当如何像您那样遍知一切而受供养？

怎样才能得到像您那样智慧中的智慧——一切智智呢？为什么得到了一切智智，就能为无量无数的有情众生广演教法？何以能根据不同的趣向种类，区别不同的性情爱好，以各种不同的方法和途径而来宣说一切智智？或者示现声闻乘道，或者示现缘觉乘道，或示现大乘道、五通智道，或者愿生天、人中，以及龙、夜叉、干闼婆，乃至愿生摩睺罗伽者的说法。

如果有的众生信奉佛法，喜欢由佛来度脱，就现佛身，或现声闻身，或现缘觉身，或现菩萨身。如有的众生信奉梵天，就现梵天身；有的信那罗延天，就现那罗延天身；或者现毗沙门天身，乃至罗睺罗伽、人、非人等身。都按他们各自喜闻乐见的语言，去说他们能够欢喜信受的道理，都按他们各自所遵循的行为模式，去示范他们视为崇高神圣的教义。然而，这一切无论如何的不同，最终讲的只是一个原理，也就是一切智智的道理，最终要达到的是同一个目的，也就是身心得到完全解脱的目标。

世尊，我对一切智智的原理是这样理解的：像那高渺空旷的虚空，清净纯粹没有任何东西可掺杂其中，广大无边没有谁还能分出彼此界限，超凡脱俗却含容万象，没有什么概念和词汇来想象形容。我想，您所具有的智慧，也是这样超越了人们的一切虚妄认识和思维模式。又像那深厚坚实的大地，繁衍生息的人类，栖息生长的鸟兽草木，无不依靠着它而生存，无论怒吼的狂风、震颤的惊雷，都不能使它动摇倾覆。我想，您所具有的智慧，也是这样万事万物赖以依止，任何烦恼都不能影响动摇。又像那熊熊燃烧的烈火，不管积薪如山，不管坚木如铁，都将胜进无厌，焚烧殆尽。我想，您所高举的智慧之火，也是这样，将一切愚痴烦恼之薪焚尽无余，为迷惑颠倒者驱逐黑暗、照明道路。又像那滚滚席卷的飓风，烟尘云雾，一扫而光，所至之处，势不可当。我想，您所驾驭的智慧之风，也是这样，扫净一切烦恼尘埃，摧毁无明大树。又像那清澈见底的流水，滋润草木而生花果，利乐众生而止饥渴。我想，您所包含的智慧之水，也是这样流趣世间，润泽群生心田而增长菩提花果，清凉热恼劳倦而神旷意悦。然而，世尊啊！如此智慧，以什么为其原因？以什么为其根本？以什么为其究？竟希望世尊为我们大会听众开导。

金刚手秘密主这样一番问话之后，大日如来微微一笑，便开口说道：好啊！好啊！金刚手，你能问这样的问题，非常好，现在请你仔细地听着，并认真思考、善于领会，我开始讲了。

金刚手说：如果是这样，世尊，我们很乐意洗耳恭听。

佛说：一切智智，以菩提心为其原因，以大悲为其根本，以方便为其究竟。秘密主，这就像播下的一粒种子，凭借土壤养分、沐浴阳光雨露，蒙受农人培育，而生根发芽、长茎展叶、开花结果一样。菩提心是那粒含藏基因的种子，有了它一切才有可能发生，因而它是成佛的内在根据；有了它志求菩提的信心，一切才有了开端，因而它是找到智慧的大门。佛法大海，信为能入。大悲是那些能使种子发芽生根、苗壮生长的土水耕耘，有了它一切才能正常进行，因而它是成佛的必要条件，它是走向成功的坚实基础。以慈爱之心，施善与乐，以悲悯之情，拔苦济难，只有为了无量众生，修行才有意义。方便是那施肥浇水的适宜，是那培育管理的合理，有了它一切才变得有效而圆满，因而它是成佛的根本方法，它是到达彼岸的舟航。只有掌握三密方便，才具神通之力，发意顷即达佛地。那么，秘密主，一切智智成就的究竟菩提是什么呢？就是如实知自心，如果能如实地观察、完全地认识、清楚地证知自心本性，就叫成菩提。其实如来智慧宝藏，不由他悟，不从他得，只有在众生自心中找到，即心是道，除此之外再没有什么别的东西，哪怕是最微小的东西也无从可得，这也就叫阿耨多罗三藐三菩提，也就是无上正等正觉或无上正遍知的意思。但为什么这样说呢？菩提就像虚空存在的相状一样，无所不在，无时不有，永恒常住，清净无为，超越一切事物和现象的存在方式，超越任何概念思维上的分别和认识。菩提既没有去感知和觉悟的主体，也没有什么可以感知和觉悟的客体，为什么呢？因为菩提根本就没有什么可以把握的具体东西。秘密主，没有任何可以具体把握的状态，就是虚空的相状，所以说虚空相如同菩提。

说到这里，大会听众无不皱起眉头，金刚手也心生疑问，便接着佛的话头问道：世尊，上面您说菩提心就是发心志求一切智智，现在又说发菩提自心就是一切智智，那么此中谁是能求？谁是所求？谁为可觉？谁为觉者？又如果离开自心之外什么东西都没有，那么有谁能发起此心，一步步修行进趣直到佛果呢？如果事情不必有什么其他因素而能成办，那么众生也就不必借助任何方便了？这样，众生岂不是自然成佛了吗？

如来见金刚手这样一层层提问，会意地点了点头，便回答说：秘密主，是自心寻求菩提及一切智，是自心自觉、自心自证。虽然众生自心之本性即是菩提，众生与佛本无分别，法身本性常自清净，但众生不能如实自知，不明白这个道理，就是愚痴无明，而此无明便颠倒过来认识事物，这就产生了爱、恨、贪、欲等烦恼，由情感思想上的烦恼，进而引起种种行为活动，最终导致趣入轮回之道，获种种身，受种种苦，如同蚕出丝无所因，自从己出自缠裹，而受诸煎熬之苦。由此可知，除了众生自心之外，确实再没有别的什么东西了，所以说心自证心、心自觉心，就是本性清净的缘故。秘密主，你想想看，如果心不是处在这种清净的状态，那么它应该在某一个地方了，请你观察具有认识功用的眼、耳、鼻、舌、身、意等内六处，是否藏在其中？当然找不到。又观察感官认识所对的客观对象色、声、香、味、触、法等外六处，也不可得。再观察内六处对外六处生起见、闻、嗅、味、触、思虑的六种感官认识，也找不到心在何处。秘密主，如来的正等正觉，并不是那些外道，对其所谓真我所说的那样，如说真我的颜色是青的或黄的，红的或白的，红紫色的或水精色的。有的说真我的形状是长的或短的，圆的或方的。有的说真我是一种光明体或一种黑暗体。有的说真我之体是男子身，或女子身，或不男不女身。这些外道邪见都不如实自知心实相，而把那些因缘和合而成，没有自性的假相当成实在的东西。

秘密主，心的本性也不是与有情众生之欲界相同，也不与物质的色界相同，也不与非物质的无色界相同，更不与天、龙、夜叉、干闼婆、阿修罗、迦楼罗、紧那罗、摩睺罗伽、人、非人等类同性。（这些东西也不过是从众缘而生，没有自己固定的规定性，当然谈不上与心性有什么相同之处了。把此类奉为神明，只不过是人类的一种虚妄的执着。）

秘密主，心性也不像那些偏见戏论所认为的那样，它并不是住在眼、耳、鼻、舌、身、意界，因为这些东西从众缘而生，性相自空，无有住处，何况还能有什么心实相住在其中。心实相，也不是什么可见可显的东西，因为可见可显，说明有一定的相状，而有相状者，都是从众缘所生之物，是虚假不实的，这怎么能说是无上菩提呢？所以这也是一种错误的观点。实际上，具有虚空之相的心性，超越一切此是彼非的分别思维，和非此非彼的无分别思维。为什么这样说呢？这是因为性质相同于虚空，就是相同于心，相同于心即是相同于菩提，心、虚空界、菩提三种无二，相本同一相，而有三个名称。秘密主，自心本性虽然不是因缘和合之物，是超越的不生，但是要认识、证悟它，却是需要有一定因缘条件的，需要发心生起，这就是前面说的大悲万行的条件和基础，巧妙有效的方便和捷径，这样才可得到最高智慧。

所以，秘密主，十方三世一切如来所说的教法随机而说，种种不同，但究竟同归，本无异辙，讲的无非是因根究竟三句，教菩萨大众懂得清净之菩提心，如实认识觉悟自心。秘密主，如果男女众生想要知识菩提，就应当知识自心。那么，秘密主，怎样知识自心呢？如前所说，要观察千差万别的事物和现象，如呈现为颜色和形体的事物，感官所对的客观外境，发生认识功能的感觉器官，所产生的认识及作用，以及我、我所、能执、所执等主体和客体等等种类，其中分析推求都得不到心之所在，因为这一切都是从因缘中聚合而成的，都没有固有的本质特征。当这样观察的时候，就能认识到自心原来是在不生之处，而这本来不生之处，即是清净之自心。

秘密主，这种直接观察净菩提心的真言道修行方法，于初发心时直观自心实相，所以叫初发明道顿悟法门。秘密主，菩萨要是按照这条道路去修行勤学，可使妄想因缘所有烦恼业苦，皆悉清净除灭，少用功力，便得除一切盖障三昧。如果得到此种三昧，就可以净除贪、瞋、痴等烦恼障碍，过去及现世所造之重罪业障，因先业而受报生之生障，因先世有障法而不逢正法之法障，闻法而不能理解认识之所知障。这时，在自己心中常见十方一切诸佛，妙相湛然，如观明镜，自知自心，与诸佛菩萨共同等住。即能以方便之力发起五神通，而以神通力不动本心游诸佛刹，现种种身语意，广修诸行。还能通晓十方三世种种语言方音，获得总持不忘的陀罗尼。由此便知道众生的心理活动和认识能力，以及性情好恶，进而针对不同的对象实施相应的说教，将佛法广演分布，因此之故，于一切时、一切处受到十方诸佛的护持。而如此内具功德，外为诸佛护持，虽处生死而无染着，犹如莲花出水，不为污泥之所染污。常住无间地狱而拔众生苦，胜进不息，不辞劳倦。以其清净之心，如金刚坚固不坏，恒处世间而无犯失。能以实智认识到中道正观，制止八颠倒，远离二边。

又，秘密主，住此除一切盖障三昧菩萨，具最上信解力之故，勤修不久，便能通达一切佛法。秘密主，一言以蔽之，此善男子、善女人，一切佛法所有功德，都能成就无余。

原典

尔时，执金刚秘密主复以偈问佛：

云何世尊说，此心菩提生？

复以云何相，知发菩提心？

愿识心^①心胜，自然智^②生说。

大勤勇几何，次第心续生？

心诸相与时，愿佛广开演。

功德聚亦然，及彼行修行，

心心有殊异，惟大牟尼说。

如是说已，摩诃毗卢遮那世尊告金刚手言：

善哉佛真子，广大心利益，

胜上大乘句，心续生之相，

诸佛大秘密，外道不能识。

我今悉开示，一心应谛听：

越百六十心，生广大功德，

其性常坚固，知彼菩提生。

无量如虚空，不染污常住，

诸法不能动，本来寂无相。

无量智成就，正等觉显现，

供养行修行③，从是初发心。

秘密主，无始生死、愚童凡夫执着我名、我有，分别无量我分。秘密主，若彼不观我之自性，则我、我所生。余复计有时、地等变化，瑜伽我，建立净，不建立无净，若自在天，若流出及时，若尊贵，若自然，若内我，若人量，若遍严，若寿者，若补特伽罗，若识，若阿赖耶，知者、见者，能执、所执，内知、外知，社怛梵，意生④，儒童⑤，常定生，声、非声。秘密主，如是等我分，自昔以来分别相应，希求顺理解脱。

秘密主，愚童凡夫类犹如羝羊，或时有一法想生，所谓持斋，彼思维此少分，发起欢喜，数数修习，秘密主，是初种子善业发生。复以此为因，于六斋日施与父母、男女亲戚，是第二芽种。复以此施，授与非亲识者，是第三苞种。复以此施，与器量高德者，是第四叶种。复以此施，欢喜授与伎乐人等，及献尊宿，是第五敷华。复以此施，发亲爱心而供养之，是第六成果。复次，秘密主，彼护戒生天，是第七受用种子。

复次，秘密主，以此心生死流转，于善友所闻如是言：此是天大，天与一切乐者，若虔诚供养，一切所愿皆满。所谓自在天、梵天、那罗延天、商羯罗天、黑天、自在子⑥天、日天、月天、龙尊等，及俱吠滥、毗沙门、释迦、毗楼博叉、毗首羯磨天、阎摩、阎摩后、梵天后⑦，世所宗奉。火天、迦楼罗子天、自在天后、波头摩、德叉迦龙、和修吉、商佉、羯句啅剑、大莲、俱里剑、摩诃泮尼、阿地提婆、萨陀、难陀等龙，或天仙⑧、大围陀论师，各各应善供养。彼闻如是，心怀庆悦，殷重恭敬，随顺修行，秘密主，是名愚童异生生死流转无畏依第八婴童心。

秘密主，复次，殊胜行随彼所说中殊胜住，求解脱慧生，所谓常、无常空，随顺如是说。秘密主，非彼知解空、非空、常、断、非有、非无、俱彼分别、无分别。云何分别空？不知诸空，非彼能知涅槃，是故应了之空，离于断常。

注释

①**识心**：据《疏》解释，是心之自觉之智，次后所说之心，即是心之实相，而说识心，表示，境智俱妙，无二无别。

②**自然智**：即是如来常智，以其心自证心、心自觉心，而最胜最妙，故又说胜。这都是赞叹如来之德。而全句的意思是说：有如此德之佛，必能知道菩提之发生及其微相，愿佛宣说。

③"行修行"，《大正藏》校宋、元、明、宫，《中华藏》校资、碛、普、南、径、清作"修行行"，今按校本及《疏》文并文义，仍从底本。

④**意生**：《疏》作"摩奴阇"（manu-ja），并引菩提阇梨（即金刚智）的解释说该词"《智度》翻为人，是人执也，具译当言人生，此是自在天外道部类，计人从人生，故以为名。唐三藏（此指玄奘）云意生，非也。末那是意，今云摩奴，声转意别，误耳"（《疏》卷二）。《疏》卷十六解释意生说："满奴所生者，是一类外道见，满奴是我，言一切依我而生。"慧琳《音义》卷二十五作"摩奴沙"（manusya），解释说："此玄人，即人之总名也。"摩奴阇、摩奴沙，均从词根 manu 派生，其原义有人、人类之义，也有思想、意识之义

（Arthur A. Macdon Ell. Sanskrit English Dictionary）。

⑤ **儒童**：《疏》卷二作"摩纳婆"（mānava），并引菩提阇梨的解释说："是毗纽天外道部类，正翻应言胜我，言我于身心中最为胜妙也，彼常于心中观我可一寸许。《智度》亦云有计神在心中，微细如芥子，清净名为净色，或如豆麦，乃至一寸，初受身时，最在前受，譬如像骨，及其成身，如像已庄。唐三藏翻为儒童，非也，儒童，梵云摩拿婆，此云纳，义别，误耳。"卷十六则解释说："末那仙生者，言一切从彼生也，亦是一类外道等见也，即是垢障不平之性，亦以金刚作业，除彼不平之过。"按梵文摩纳婆（mānava）有胜我、人类、人我之义。摩拏婆（mānava）有少年儒童之义。

⑥ "子"，《大正藏》校宋、元、明、宫，《中华藏》校资、碛、普、南、径、清无此字，今按校本及上下文义，仍从底本。

⑦ "梵天后"，《中华藏》校资、碛、普、南、径、清作"梵天、梵天后"。今按校本和《疏》文及前后文义，仍从底本。

⑧ "天仙"之后，原有"大仙"二字，《大正藏》校宋、元、明无"大仙"二字，"天仙"作"火仙"。《中华藏》校石无"大仙"二字，校资、碛、普、南、径、清"大仙"作"火仙"。今校藏文本，无"大仙"

或"火仙"二字，据此并按校本及《疏》文，略去"大仙"二字。

译文

大毗卢遮那佛如此深入浅出地讲解之后，大会听众无不心悦诚服，茅塞顿开。但不知如何实践这一道理，如何渐次进修而能得到一切智智。正在这时，金刚手看透大家的心思，便又以偈颂提问道：

光明遍照大日尊，菩提种子怎发生？

如已发生菩提心，如何分辨其相状？

识心人中最胜心，必知微相而演说。

自然智慧大勤勇，几心续生得是心？

次第心相何差别，经历几时见净心？

其心微妙之功德，如何修行而获得？

众生心与行者心，有何差异共开演。

执金刚秘密主这样问罢之后，大日如来谆谆善诱，进一步告诉执金刚秘密主说：

佛性所生好金刚，利益众生如是问。

胜上大乘进趣处，不生而生诸心相，

十方诸佛大秘密，外道异门不能识，

集会今天为众生，皆悉开示仔细听：

越诸一百六十心，发生无量大功德，

心性恒常如金刚，当知即生菩提心。

菩提心相如虚空，永恒常住不染污，

大风吹尽无所动，常自寂灭本无相。

行者智慧悉成就，即是诸佛正觉现，

从此就是初发心，内外供养行修行。

佛接着又说：秘密主，那些无始以来，轮回流转于生死中的愚童凡夫、种种有情众生，相信有名而无实的个体灵魂和鬼神，认为万物都有灵魂，世界上充满鬼神。秘密主，他们不能观察和认识事物的本性，因而产生了万物有灵的观念，产生了异己的分别人神的思想。也有的把某种现象当作真实的东西，如有的认为时间是万物之因。他们说：时来众生熟，时至则催促，时能觉悟人，是故时为因。有的认为地是万物之因，一切众生和万物依地而得生存。有的认为水是万物之因，有的认为气是万物之因，有的认为火是世界之因，有的认为空是世界之因，说从空无生万有。修行瑜伽的人，把瑜伽境界中由心静而产生的现象执为实有。修净行者，有的认为有创造万物之主，依此修行为之净，有的认为没有创造万物之主，万物都是无作无为，故以无净为修行之道。自在天外道中，有的认为世界万物都是自在天所为，有的认为世界万物都是由创世主的心中流出来的，有的认为世界万物是由时间创造出来的。那罗延天外道主张那罗延天湛然不动，而有辅佐者受命造物。其中还有的说尊贵天遍及一切，无处不在。有一类外道主张一切事物都自然而有，没有谁去造作，如莲花色泽鲜艳，无人去染，棘刺利尖，无人去削。有的外道还说人身中除了心之外，另有自我，支配人身活动。也有的说人身中有神我，与身等同，身小亦小，身大亦大。又有的外道说有神我能造万物，世间所有好事均由他所为。又有外道说任何东西都有寿命，包括地水火风以及草木土石。有一派说有补特伽罗我，屡往生死轮回之中，为生命的主体。另有一派主张识，说识遍及一切，充满世界。还有一类派别主张阿赖耶，说有阿赖耶执持此身，造诸万物，含藏一切，它摄收之则世无所有，放开之则满世间。又有外道主张身中有知者，能知苦乐等事；有见者，能见世间诸事。又有外道说身中除识心之外另有能执者，操动身口意作种种事情；与此相反，有的以所执境界为真我，遍及一切处。又有观点说有内知我，专主内证；有外知我，专主外境的认识。又有主张社怛梵知我的。自在天外道中又有主张人生，说人生人，是人为真我。毗纽天外道主张有胜我在身中，常有一寸许，受身之前先受胜我。常定生外道主张有常定生者，常住不变，无有更生。声论外道中，有的主张声本显，等待一定条件而显现出来；有的主张声本生，等待一定时机而生出来，都把声看作体性常住不变。秘密主，此类观点不可胜数，他们不能认识事物和现象的本质，不能分析推论灵魂、鬼神、真我的本性，而盲目信奉自古传下来的东西，世代承袭旧有的观念，或者转生出更愚昧的看法。由此进而依祖习相传的方法去修行，想得到解脱，偶然得到点什么，便自以为得到了真解脱，岂不知违背了事物最普遍的善恶因果关系。

佛接着又说：秘密主，愚童凡夫类如只知水草、淫欲之事的羝羊，不知有善恶因果之法。但有的偶尔听说有善法之事，忽然产生一种想法，觉得节食持斋是件好事，便节衣缩食，远离世务，从中得到一点身心的安宁。秘密主，这算是最初稍微认识到了善恶因果之理，是初种子善业发生，名为种子心。又以此为因，于六斋日断食舍财，施与父母、男女亲戚。以此止息贪求，免去守护之心，又受人敬爱，这就认识到了其中的因果关系，如从种子生出芽来，这就是善心增长的第二芽种。又以此为基础，将财物施舍与不相识的人，这就表明见到了平等施舍所带来的利益，善业萌芽又增长了，如同从芽长出茎干一样，是善心增长的第三苞种。又以此施与德高望重的人，表明施舍已有所选择了，认识到施舍价值的高低，慧性大开，如同茎干上长出了叶子，是善心增长的第四叶种。又以此施与掌握技艺音乐的人，以及献给尊宿耆旧、学行高尚、为人师范的有知识的人，这表明见到了他们为他人利益的行为，提高了选择的价值和意义，如同芽之上长出了花朵，是第五花种。又以此施发亲近爱戴之心，供养出家修行之人，表明初步认识到出离世间贪欲的意义，如同花落结果，是第六成果。又以此为基础，认识到造斋施舍只是人天福报之举，即而知道身口意三业不善，皆是烦恼因缘，进而舍弃一切，以清净为是，持戒而住；因此之故，身心完全得到安宁，命终之后又得以升天，如同种果已成、受用其实，是第七受用种子。

又，秘密主，以前诸心仍免不了生死流转，时从有学问的人那里听说某某天能给人们带来幸福，如果虔诚供养，一切希望都可得到满足。这些天诸如自在天、梵天、那罗延天、商羯罗天、黑天、自在子天、日天、月天、龙尊等，以及俱吠滥、毗沙门、释迦天、毗楼博叉、毗首羯磨、阎摩、阎摩后、梵天后等世间所信奉者，还有火天、迦楼罗子天、自在天后、波头摩、德叉迦龙、和修吉、商借、羯句啅剑、大莲、俱里剑、摩诃泮尼、阿地提婆、萨陀、难陀等龙，或天仙、大围陀论师，这些都应供养。听到这些话之后，心怀庆悦，恭恭敬敬地供养，并出家归依，依教修行，是愚童异生生死流转无畏依第八婴童心。

又，秘密主，第八无畏依中又有择善而从者，由其以前善业的基础，于所说教法中修行观察，虽然不能认识一切事物因缘而起的道理，仍然脱离不了断、常的思维方式，但已生解脱智，是为第九殊胜心。又，秘密主，更有深刻观察者，虽然不能认识缘起之空，脱离断常的偏见，不能双离有无之见，仍认定自己所认识到的空，但已能作非有非无的平等观察，摆脱了一般的错误认识，这是第十决定心。

原典

尔时，金刚手复请佛言：唯愿世尊说彼心。

如是说已，佛告金刚手秘密主言：秘密主，谛听：心相，谓贪心、无贪心、瞋心、慈心、痴心、智心、决定心、疑心、暗心、明心、积聚心、斗心、诤心、无诤心、天心、阿修罗心、龙心、人心、女心、自在心、商人心、农夫心、河心、陂池心、井心、守护心、悭心、狗心、狸心、迦楼罗心、鼠心、歌咏心、舞心、击鼓心、室宅心、师子心、鹏鹮心、鸟心、罗刹心、刺心、窟心、风心、水心、火心、泥心、（浊心）①、显色心、板心、迷心、毒药心、羂索心、械心、云心、田心、盐心、剃刀心、弥卢等心、海等心、穴等心、受生心 [②]。

秘密主，彼云何贪心？谓随顺染法。

云何无贪心？谓随顺无染法。

云何瞋心？谓随顺怒法。

云何慈心？谓随顺修行慈法。

云何痴心？谓随顺修不观法。

云何智心？谓顺修殊胜增上法。

云何决定心？谓尊教命如说奉行。

云何疑心？谓常收持不定等事。

云何闇心？谓于无疑虑法生疑虑解。

云何明心？谓不疑虑法无疑虑修行。

云何积聚心？谓无量为一为性。

云何斗心？谓互相是非为性。

云何诤心？谓于自己而生是非。

云何无诤心？谓是非俱舍。

云何天心？谓心思随念成就。

云何阿修罗心？谓乐处生死。

云何龙心？谓思念广大资财。

云何人心？谓思念利他。

云何女心？谓随顺欲法。

云何自在心？谓思维欲我一切如意。

云何商人心？谓顺修初收聚后分析 [③] 法。

云何农夫心？谓随顺初广闻而后求法。

云何河心？谓顺修依因二边。

云何陂池心？谓随顺渴无厌足法。

云何井心？谓如是思维深复甚深。

云何守护心？谓唯此心实，余心不实。

云何悭心？谓随顺为己，不与他法。

云何狸心？谓顺修徐进法。

云何狗心？谓得少分以为喜足。

云何迦楼罗心？谓随顺朋党羽翼法。

云何鼠心？谓思维断诸系缚。

云何歌咏心？谓思维以种种美妙音声广演正法，使诸众生欢喜信受。④

云何舞心？谓修行如是法，我当上升种种神变。

云何击鼓心？谓修顺是法我当击法鼓。

云何室宅心？谓顺修自护身法。

云何师子心？谓修行一切无怯弱法。

云何鸺鹠心？谓常暗夜思念。

云何鸟心？谓一切处惊怖思念。

云何罗刹心？谓于善中发起不善。

云何刺心？谓一切处发⑤起恶作为性。

云何窟心？谓顺修为入窟法。

云何风心？谓遍一切处发起为性。

云何水心？谓顺修洗濯一切不善法。

云何火心？谓炽盛炎热为性^⑥。

云何泥心？谓以己之偏见染着于他。^⑦

云何浊心？谓因他之偏见而致己心浑浊。^⑧

云何显色心？谓类彼为性。

云何板心？谓顺修随量法，舍弃余善故。

云何迷心？谓所执异、所思异。

云何毒药心？谓顺修无生分法。

云何羂索心？谓一切处住于我缚为性。

云何械心？谓二足止住为性。

云何云心？谓常作降雨思念。

云何田心？谓常如是修事自身。

云何盐心？谓所思念彼，复增加思念。

云何剃刀心？谓唯如是依止剃除法。

云何弥卢等心？谓常思维心高举为性。

云何海等心？谓常如是受用自身而住。

云何穴等心？谓先决定彼^⑨，后复变改为性。

云何受生心？谓诸有修习行业彼生，心如是同性^⑩。

秘密主，一、二、三、四、五，再数，凡百六十心。

越世间三妄执，出世间心生，谓如是解唯蕴无我，根、境、界淹留修行，拔业烦恼株杌、无明种子，生十二因缘，离建立宗等。如是湛寂，一切外道所不能知，先佛宣说，离一切过。

秘密主，彼出世间心住蕴中，有如是慧随生。若于蕴等发起离着，当观察聚沫、浮泡、芭蕉、阳焰、幻等而得解脱，谓蕴、处、界、能执、所执，皆离法性，如是证寂然界，是名出世间心。秘密主，彼离违顺八心[11]相续业烦恼网，是超越一劫[12]瑜祇行。

复次，秘密主，大乘心发无缘乘心，法无我性。何以故？如彼往昔修行者，观察蕴阿赖耶，知自性如幻、阳焰、影、响、旋火轮、干闼婆城。秘密主，彼如是舍无我，心主自在，觉自心本不生[13]。何以故？秘密主，心前后际不可得故。如是知自心性，是超越[14]二劫瑜祇行。

复次，秘密主，真言门修行菩萨行诸菩萨，无量无数百千俱胝那庾多劫积集无量功德智慧，具修诸行，无量智慧方便皆悉成就，天、人、世间之所归依，出过一切声闻、辟支佛地，释提桓因等亲近敬礼。

所谓空性离于根、境、无相、无境界，越诸戏论，等虚空无边，一切佛法依此相续生，离有为、无为界，离诸造作，离眼、耳、鼻、舌、身、意，极无自性心生。秘密主，如是初心佛说成佛因故，于业烦恼解脱，而业烦恼具依[15]，世间宗奉，常应供养。

复次，秘密主，信解行地观察三心[16]、无量波罗蜜多慧，观四摄法，信解地无对、无量、不思议，逮十心^⑰无边智生。我诸有所说，皆依此而得，是故智者，当思维此一切智信解地。复越一劫，升住此地，此四分之一度于信解。

① "浊心"，原文无，今据藏文本增补。

② "受生心"之后，据《疏》说："第六十心，梵本缺文。阿阇梨（指善无畏）云，少一猿猴心也。"但藏文本无。

③ "析"，原作"相"，《中华藏》校资、碛、普、南、径、清、丽作"枂"（同析），今按校本及《疏》文，改正。

④ 歌咏心及其释文，底本及校本均无。《大正藏》校诸本，《中华藏》校资、碛、普、南、径、清有"云何歌咏心"一句。据《疏》说："第三十二歌咏心，梵本缺文不释。阿阇梨（指善无畏）言，此喻传法音也，如世人度曲于他，得善巧已，复为他人奏之，出种种美妙之音，闻者欢喜。此心欲从他听闻正法，我当转为众生，以种种文句庄严分别演说，令此妙音处处闻知也。"勘藏文本不缺此段释文，作：gluḥi-sems gṅ-she-na bdag-gis dbyaṅs-sgra-sna zhogs-klus sems-can-rnam gśuṅ-bar-byaḥo sñam-paḥo，与《疏》之解释大致相合，今据此增补。

⑤ "一切处发"，"处" 与 "发" 字之间，《大正藏》校宋、元、明、宫，《中华藏》校资、碛、普、南、径、清有"修"字，当为衍文，今按校本及《疏》文，仍从底本。

⑥ "炽盛炎热为性"，原无"为"字，《大正藏》校宋、元、明、宫有，《中华藏》校资、碛、普、南、径、清有，今据此增补。

⑦ 泥心及其释文，底本及校本均无，《大正藏》校宋、元、明、宫，《中华藏》校资、碛、普、南、径、清有"云何泥心"一句。《疏》说："第四十五泥心，梵本缺文不释，阿阇梨（指善无畏）"言，此是一向无明心也，乃至目前近事亦不能分别记忆，故《律》云犹如泥团。又如泥汀以淖弱故，难事越度，要令有所由藉，谓假桥梁等方能越之。"勘藏文本，不缺此段释文，作 ḥdam-gyi-sems gaṅ-she-nagaṅ-bdag-gi-ñes-pas gshan-la skud-paḥo. 与《疏》之解释有所不同，今据藏文译本增补。

⑧ 此两句原文无，今据藏文本增补，藏文本原文，作：Rñog-baḥi-sems gaṅ-she-na-gaṅ pha-rol-gyi-nispa hdsin-passems-larñog-na skyid-paho.

⑨ "彼",《大正藏》校宋、元、明、宫,《中华藏》校资、碛、普、南、径、清无此字,今按校本及《疏》文,仍从底本。

⑩ "性",原作"往",《中华藏》校诸本作"性",今按校本及《疏》文改正。"心如是同性"之后,底本及诸本均无,猿猴心及其所释之文,藏文本亦无。但据《疏》说:"第六十心,梵本缺文,阿阇梨(指善无畏)云,少一猿猴心也。猿猴之性,身心散乱,常不暂住。行人亦尔,其性躁动不安故,多所攀缘,犹如猿猴放一捉一。大略言之,众生尽然,今就偏盛而言也。"今按《疏》之解释增补。

⑪ **违顺八心**:即顺世八心和违世八心,前者亦称世间八心,指上文所说种子、芽、苞、叶、华、果、受用种子、无畏依婴童心。又有违世八心,亦称出世间八心,即指从初发心至越世间三妄执、解唯蕴无我、根境界淹留修行、拔业烦恼、无明种子、生十二因缘、离建立宗等(《疏》卷二)。

⑫ "一劫","一"和"劫"字之间,原有"切"字,《中华藏》校诸本无此字,今按此及校本、《疏》文,删去。

⑬ **本不生**:即本初不生,在此还不是终极的认识

阶段。但在经文其他地方则是一个表示终极认识，或最高认识阶段的命题，全称阿字本不生。据《疏》解释，一切事物和现象都是由不同的内因外缘和合生成的，而这些能生之内因外缘，又有别的因缘聚合而成，但如此展转从缘，最后的本原是什么呢？当这样观察的时候，就能认识到这个最后的本原就是不生之处，所以本初不生就是一切事物和现象的本原、本初，这叫本不生。因为这个本不生，也就是如上所说的自证自觉的众生自心，故又叫作自心本不生。又因为这个本不生，如印度梵文字母的第一个字母表示的元音阿"ə"，其他音必须凭借此音才能发出声来，此音便为众声之母，众音之本，所以例此而称之为阿字本不生。

《疏》卷七中阐明了它的基本涵义，说："阿字是一切法教之本，凡最初开口之音皆有阿声，若离阿声，则无一切言说，故为众声之母。凡三界语言皆依于名，而名依于字，故悉昙阿字，亦为众字之母。当知阿字门真实义，亦复如是，遍于一切法义之中也。所以者何？以一切法无不从众缘生，从缘生者，悉皆有始有本，今观此能生之缘，亦复从众缘生，展转从缘，谁为其本？如是观察时，则知本不生际是万法之本，犹如闻一切语言时，即是闻阿声，如是见一切法时，即是见本不生际。若见本不生际者，即是如实知自心，

如实知自心，即是一切智智。故毗卢遮那唯以此一字为真言也。而世间凡夫不观诸法本源故，妄见有生，所以随生死流不能自出。"

⑭ "二"，原作"三"，《大正藏》校明、宫，《中华藏》校普、南、径、清作"一"，校石、资、碛、丽作"二"，今按校本及《疏》文并前后文义，改正。

⑮ **于业烦恼解脱，而业烦恼具依**：是说当从业烦恼中解脱出来的时候，即顿然觉悟到业烦恼就是佛菩提，二者是一非二，其中无有系缚者，无可系缚。没有解脱之时，烦恼与菩提有分别，而一旦解脱了还有什么分别可言呢？所以说在业烦恼的解脱中，业烦恼仍然依存（本来如此），如同虚空超越众相，而万象仍依存其间一样（《疏》卷二）。

⑯ **三心**：指因、根、究竟三心，或称菩提心、大悲心、方便心。《疏》认为初地即菩提心，二至八地为大悲心，九、十地为方便心，或细分每地即有三心。

⑰ **十心**：即指初种子、芽、苞、叶、华、果、受用种子、无畏依、最胜心、决定心。

而每一地又具此十心，广而言之，则无量无数。

译文

　　大日世尊依次讲罢相续而生的十心之后，金刚手又向佛请求说：世尊，诚心希望您再讲讲修行之时所要度越的一百六十心相。

　　大日佛继续告诉金刚手说：秘密主，请你认真听着：所谓心相，指的就是贪心、无贪心、瞋心、慈心、痴心、智心、决定心、疑心、暗心、明心、积聚心、斗心、净心、无净心、天心、阿修罗心、龙心、人心、女心、自在心、商人心、农夫心、河心、陂池心、井心、守护心、悭心、狗心、狸心、迦楼罗心、鼠心、歌咏心、舞心、击鼓心、室宅心、师子心、鸺鹠心、鸟心、罗刹心、刺心、窟心、风心、水心、火心、泥心、（浊心）、显色心、板心、迷心、毒药心、羂索心、械心、云心、田心、盐心、剃刀心、弥卢等心、海等心、穴等心、受生心等等。

　　秘密主，什么叫贪心呢？贪心就是认定眼前出现的境界为真实，并依此观想修行。

　　什么是无贪心呢？无贪心就是否认眼前出现的一切境界，乃至所应进求之处，不生追求之心，而以止思绝虑为真实。

　　什么叫瞋心呢？瞋心就是把修行中出现的愤怒、仇恨等情绪当成真实而加以修行。

什么叫慈心呢？慈心就是把修行中出现的慈爱等心理现象，当成真实而加以修行。

什么叫痴心呢？痴心就是不观察善恶是非，不加以鉴别，遇到了便信受修行。

什么是智心呢？智心就是以自己的智力判断此胜彼劣，此应受彼不应受，而取其所谓胜上之法而行。

什么叫决定心呢？决定心就是遵从某一现成的公认的说法而依照奉行。

什么叫疑心呢？疑心就是对所行之法总是疑神疑鬼，顾虑重重。

什么叫暗心呢？暗心就是对本来不该怀疑的事情也起怀疑之心，犹犹豫豫。

什么叫明心呢？明心就是对不该怀疑的说法，仅凭听闻就一下子相信而依法修行。

什么叫积聚心呢？积聚心就是一旦相信某一种说法，便把所有种种不同的说法和事情，当成那一种说法和事情。

什么叫斗心呢？斗心就是喜好辩论是非长短，听闻别人的言论，就说此话应该这样，彼话不应该那样，即使人家说的有道理，也用种种方法找出点毛病来，而别人来请教他，也要说此话不该这样问，那话应该那样问，总之，都要找出点毛病才算了事。

什么叫诤心呢？诤心就是对自己产生是非，如认识到某一个道理之后，又假设异端总是推求出不对之处，从别人听闻时非常相信，而过后又找出种种理由推翻它。

什么叫无诤心呢？无诤心就是没有是非确定的观念，虽然一直相信最先听到的见解，后来又听另外一种见解，就改变原来的见解，而又听说某见解不符合道理，某见解正确，便又去相信某见解。

什么叫天心呢？天心就是异想天开，想入非非，如天神那样想做什么就做什么，想需要什么就不费功力而想办成。

什么叫阿修罗心呢？阿修罗心就是满足于现状，不求进取，如阿修罗一样，明知有解脱之利，但喜欢生死果报的快乐，不求解脱。

什么叫龙心呢？龙心就是追求财利，贪得无厌。

什么叫人心呢？人心就是好考虑别人，如想到某人于我有恩，总想有机会的时候报答；某人于我有怨，总想找机会报复。

什么叫女心呢？女心就是迷恋快乐，不克制欲望的心理，如一些女人经历一次乐事，便念念不忘，总想着情人的音容笑貌。

什么叫自在心呢？自在心就是总相信自己的意愿都能实现，如信自在天的人一样，相信自在听闻如何播种、如何浇水施肥、如何除草收割打碾储藏，然后付诸行动。

什么叫河心呢？河心就是两头兼顾，正邪兼信的心理，如同河水一样总是紧靠两岸流淌，从不只及一边。

什么叫陂池心呢？陂池心就是得陇望蜀，什么都想得到的心理，如同陂池一样，众水汇入亦不满足，名利情欲集于一身，亦不满足。

什么叫井心呢？井心就是凡所思维好尚深远，玄之又玄，好事坏事都让人难以捉摸。

什么叫守护心呢？守护心就是自己所认定的道理，坚持不放，誓死捍卫，如同人们为保护自己的财产而不惜围墙重阁一样，只有自己的对，别人的一概不对。

什么叫悭心呢？悭心就是只顾自己不顾他人的思想，有什么技艺、知识、见解以及财物，都为了自己的利益，秘惜不惠施于人。

什么叫狸心呢？狸心就是不求迅速，等待时机的心理，如同狸猫等伺擒猎物一样，即使发现目标，也要屏心静息地等待进入伺捕的范围，即使听闻种种法要，也只领受记持而不进行。

什么叫狗心呢？狗心就是稍得到点东西就心满意

足，不再更求胜事，如同狗一样给一点粗鄙之食，便喜不自胜，受宠若惊。

什么叫迦楼罗心呢？迦楼罗心就是总想着取得朋友的帮助来办成事情，不能独立进行，如同金翅鸟一样，必须依靠双翼才能飞行，假如少了一翼便无所能为。

什么叫鼠心呢？鼠心就是见了别人的好事，总是心存离间败坏的心理，如同老鼠一样系缚箱箧之物，不管值不值得，总是咬断损坏才肯罢休。

什么叫歌咏心呢？歌咏心就是总想着，以自己的花言巧语让人相信的心理，如同唱歌的人，想以自己美妙的歌声打动听众的心，使之喜欢一样，从他人听到一点说教，就要广演分布，想让人人都知道。

什么叫舞心呢？舞心就是想掌握五花八门的本领，来变化出种种不可思议的事情，如同跳舞的人，散动各个肢体来组成一个新颖的动作一样。

什么叫击鼓心呢？击鼓心就是想得到某一种绝巧，然后一鸣惊人的心理，如同长夜中击鼓而惊动睡觉的人一样，总是想修行到种种辩才无碍的智慧，来击法鼓而惊悟昏睡中的众生。

什么叫室宅心呢？室宅心就是持戒修善都是为了自己的防护，想让今世后世都能远离恶道众苦，如同修建室宅的人为了防护自身一样。

什么叫师子心呢？师子心就是好胜自恃，一切事情没有能难住自己的，所有人中没有与自己比试优劣高低、敢于抗衡者，如同狮子在众兽中随所至处皆胜，无有怯弱一样。

　　什么叫俦鹠心呢？俦鹠心就是常在黑夜中筹量推敲而得明白，白日则昏愦无所成，如同俦鹠一样，一到晚上六情爽利，在黑暗中能施展本领。

　　什么是鸟心呢？鸟心就是无论何时何地都惶恐不定，猜疑惧怕，如同鸟一样，即使人善心去喂养，也不敢近侧，即使没有人在场，伺求食物也惊恐不安。

　　什么是罗刹心呢？就是对好事也当坏事去想的逆反心理，如同罗刹恶魔一样，凡人所作好事当成坏事去理解而加以破坏。

　　什么叫刺心呢？刺心就是凡事总往坏处想的心理，如做了一件坏事，过后追悔不已，而做了一件好事，过后也后悔，总有一种犯罪感，如同荆刺一样，不论从何处接近，都长着刺。

　　什么是窟心呢？窟心就是对自己所从事的事业失去信心，而想象别人做的事如何如何好，如同学佛的人一时见不到效果，便去羡慕诸龙阿修罗所居海底深窟中多有神仙美女，长寿自在，而想入窟去修行。

　　什么叫风心呢？风心就是想在各个方面，一切时一切处都得到成功，如同风一样散乱飘动，到处都有，修法者也想世间外道，三乘六宗都进取修行，获得成功。

什么叫水心呢？水心就是想一扫三业重垢，世代积尘，如同水洗涤污垢一样。

什么叫火心呢？火心就是急于求成的心理，想在须臾间成就无量功德，如同火一样炽盛炎热。

什么叫泥心呢？泥心就是以自己的观点感染、影响别人的心理，如同泥一样，凡所踩入者都要沾上泥污。

什么叫浊心呢？浊心就是总受对方的错误干扰，致使心生迷乱的心理，如同平静的水被别人搅乱不清一样。

什么叫显色心呢？显色心就是随事而迁，自己不能做主的心理。见着善事就跟着去做善事，遇着坏事就跟着去做坏事，如同白丝一样，遇着红色就被染成红色，碰到黑色就被染成黑色。

什么叫板心呢？板心就是死板教条，墨守成规，不敢越雷池一步的心理，如同水上漂浮的一块木板一样，以为自己只能承受这些压力，否则将导致倾覆。学佛者如同小乘，不敢学习广大利益众生的菩萨行。

什么叫迷心呢？迷心就是浑浑噩噩、迷茫散乱的思想，本想修不净观，而实际上却取净相，本想往东走，结果却往西走，还自以为是，行与愿违。

什么叫毒药心呢？毒药心就是不起善心也不起恶心，乃至一切心都不起，渐入无因无果之中，如同毒药攻心，闷绝僵死，无有生还希望。

什么叫羂索心呢？羂索心就是不论何处，都被捆住手足不能自拔的心理状态。

什么叫械心呢？械心就是端坐静心而止住不前的思维状态，如同杻械锁住不得前进一样。

什么叫云心呢？云心就是常触景生情而产生忧愁的心理，如霪雨季节，世人见了霪雨即发愁忧虑一样，修法者见道路漫漫，未及起程修行，便已忧愁重重。

什么叫田心呢？田心就是喜好修饰自身，孤芳自赏的心理，如同农人修事良田，务使清净肥沃一样。

什么叫盐心呢？盐心就是对所思考的问题再加思考，乃至反复无穷，无有尽头，如同食盐一样，吃了还想吃。

什么是剃刀心呢？剃刀心就是以为剃除了须发俗相，就已净除了一切罪业，万事大吉了。

什么叫弥卢等心呢？弥卢等心就是自以为尊贵了不起，甚至应该尊敬的师长父母都不以为然，如同弥卢山高举于众山之上一样。

什么叫海等心呢？海等心就是贪天之功为己有，天下胜事我所为的心理，如同大海一样吞纳万流，集众长于身，无有可比者。

什么叫穴等心呢？穴等心就是先前决定了的事又要改变，反复无常，不能一贯始终，如完整的器皿稍碰坏了点口，便丢弃不用，更换新的。对所学法稍出现漏洞，就不加修事坚持，而另图新法。

什么叫受生心呢？受生心就是凡所修行诸事，都想得到回报，即使善恶之果，也想兼得，如同六趣众生因业而受生轮回一样。

秘密主，如此五根本烦恼再数成十，十再数成二十，二十再数成四十，四十再数成八十，八十再数成一百六十心。

秘密主，脱离贪、瞋、痴等三毒根本烦恼，认识到只有因缘和合而成的具体事物，没有超乎其上的真我、鬼魂、神灵等，是超越一种世间三妄执。如果不再局限于对眼、耳、鼻、舌、身、意六根，色、声、香、味、触、法六境，眼识、耳识、鼻识、舌识、身识、意识六界的淹留修行，就是超越三种世间之妄执，如果以此为因扳除身、口、意三业以及由此造成的一切心理和思想上的烦恼障碍，消灭产生一切罪业的根源无明种子，对世界现象产生无明、行、识、名色、六处、触、受、爱、取、有、生、老死等十二因缘的认识，摆脱各种宗派所持的形形色色的错误偏见，就是超越了三种世间三妄执。秘密主，超越了此三重三妄执，出世间心就产生了。如此甚深道理，一切外道都不能认识到，十方三世诸佛都说，只有此真言秘密乘，才能以此认识诱进群迷，出于火宅，摆脱一切错误的牢笼。

但是，秘密主，此阶段的认识，如同莲花已离开浊泥而尚未露出水面，仍然淹没在事物由诸蕴聚集而成的这样一个肤浅认识的水平上。如果能观察聚沫、浮泡虽然有形体，但分析推论不过是由水分和气体等构成的，本身没有什么实在性。再观察芭蕉，层层剥离直到无法再剥离时，仍然找不到其中有什么实在的东西。又观察阳焰，远远望去如流动的水波，奔趣求取则什么也没有，那不过是气体在阳光下产生的反射作用。再观察咒术药力产生的迷离景象，也都是有名而无实。这样观察时，就能认识到所有的物质世界和精神现象也都是一种假象，只不过是因缘和合而成，自身没有实在的本性，而聚合成事物的诸因素，也都是由别的因素构成，亦无固定的规定性。由此得出诸蕴性空的结论，这样就摆脱了受诸蕴十二处十八界等一切事物和现象的束缚，摆脱了能执、所执等局限，证得了不被它们动摇的寂然境界，这就是出世间心，如同淹没于水中的莲花，终于长出水面了。秘密主，达到这种境界的认识，已经脱离了种子、芽、苞、叶、花、果、受用种子、无畏依等顺世八心，和初发心、越世间之妄执、解唯蕴无我、根境界淹留修行、拔业烦恼株杌、无明种子、生十二因缘、离建立宗等违世八心等业烦恼网，是超越一劫瑜祇行。

秘密主，大乘行人发平等大誓言，为法界众生行菩萨道，更进一步确立法无我性的认识，要知道任何事物和现象都没有实在的本性，包括前面所说的诸蕴性空的空。为什么呢？如以前修行菩萨行者观察蕴阿赖耶，知道三界唯心，如幻、阳焰、影、响、旋火轮、干闼婆城一样。说它有，则因缘和合而成，无有实性。说它无，则眼根所见，历历在目，由此可知它非有非无，完全来自于阿赖耶识中。如果这样观察，舍弃有实在性或无实在性的思维方式，认识达到了自在自主的境界，就觉悟到自心本来不生。为什么呢？因为心既不在生成的事物里面，又不在被生成的事物里面，生成者和被生成者都是展转为缘，均无自性，由此可知心在不生之处。如果这样认识自心，就是超越了二劫瑜祇行。

又，秘密主，在真言密教法门中修行菩萨行的诸菩萨，因为在无量无数百千俱胝那庾多劫时间中，积集了无量功德智慧，修行各方面的菩萨行，无量无数的智慧方便都得到成就，因而天人世间大众都来归依，释提桓因等天都来亲近敬礼，而声闻、辟支佛等对此则尽其智力，也不能理解判断。

秘密主，密教诸菩萨如此智慧方便从何而来呢？这就是因为他们认识到自心如同清净之虚空，认识完全摆脱了从主体和客体的角度去思维的方式。他们摆脱了主、客体的局限性，而以心实相智觉悟心之实相，境智俱妙、无二无别，超越前面所说种种错误及片面的荒谬认识，越度三劫瑜祇行，清净佛种使其重新发芽、生茎干、长叶、开花、结果。由此脱离一切有为无为、一切造作、根尘境界，认识到一切都是从众缘而生，因而无有自性，无自性即是本不生，本不生为自心之实际，而心实际亦不能执着，故得出极无自性心的结论。秘密主，这就是为众生所开示的清净菩提心，是众生成佛之因，可由十方诸佛作证。而于此修行者知道，当解脱一切业烦恼之时，即知一切业烦恼原来就是佛事，业烦恼与菩提无二无别，所以世间大众应信受奉行。

总之，秘密主，从初发心到观察因根究竟，从以无量智慧观察大悲万行种种行为，到脱离各种思维的束缚、层层产生十心无边智慧，都是在信解中修行认识，直到极无自性心生，也都是在信解地，而由此再越度一地即到佛地，故至此四分之一，心才度过了信解十地。

原典

尔时，执金刚秘密主白佛言：世尊，愿救世者演说心相，菩萨有几种得无畏处？

如是说已，摩诃毗卢遮那世尊告金刚手言：谛听，极善思念。秘密主，彼愚童凡夫修诸善业，害不善业，当得善无畏。若如实知我，当得身无畏。若于取蕴所集我身，舍自色像观，当得无我无畏。若害蕴住法攀缘，当得法无畏。若害法住无缘，当得法无我无畏。若复一切蕴、界、处、能执、所执、我、寿命等，及法、无缘、空，自性无性，此空智生，当得一切法自性平等无畏。

秘密主，若真言门修行菩萨行诸菩萨，深修观察十缘生句，当于真言行通达作证。云何为十？谓如幻、阳焰、梦、影、干闼婆城、响、水月、浮泡、虚空华、旋火轮。

秘密主，彼真言门修行菩萨行诸菩萨，当如是观察。云何为幻？谓如咒术、药力，能造、所造，种种色像，惑自眼故，见稀有事，展转相生，往来十方，然彼^①非去、非不去。何以故？本性净故。如是真言幻，持诵成就，能生一切。

复次，秘密主，阳焰性空，彼依世人妄想成立，有所谈议。如是真言相^②唯是假名。

复次，秘密主，如梦中所见，昼日牟呼栗多^③，刹那岁时等住，种种异类受诸苦乐，觉已都无所见。如是梦，真言行应知亦尔。

复次，秘密主，以影喻解了真言，能发悉地，如面缘于镜而现面像，彼真言悉地当如是知。

复次，秘密主，以干闼婆城譬，解了成就悉地宫。

复次，秘密主，以响喻解了真言声，如缘声有响，彼真言者当如是解。

复次，秘密主，如因月出故。照于净水而现月影像，如是真言水月喻，彼持明者当如是说。

复次，秘密主，如天降雨生泡，彼真言悉地种种变化，当知亦尔。

复次，秘密主，如空中无众生、无寿命，彼作者不可得，以心迷乱故，而生如是种种妄见。

复次，秘密主，譬如火烬，若人执持在手而以旋转，空中有轮像生。

秘密主，应如是了知大乘句、心句、无等等句、必定句、正等觉句、渐次大乘生句^④，当得具足法财，出生种种工巧大智，如是遍知一切相。

注释

① "彼"，《大正藏》校宋、元、明、宫，《中华藏》校资、碛、普、南、径、清作"后"，今按校本及《疏》文，仍从底本。

② **真言相**：指在瑜伽观想中出现的种种殊特境界。

③ **牟呼栗多**：梵文 muhūrta 的音译，意即一瞬间。

④ **大乘生句**：即指如上以十喻所作之甚深观察及得到的认识，并非声闻、缘觉所能安足止住之处。无等，即指如来智慧在一切法中已无可譬类，亦无超越其上者，故称无等。而心之实相，与之涵盖相称，间无异际，故称无等等。如以十缘生句证悟心实际处，则可安住其中，故说无等等句。必定句，即对佛说之心实相法，坚信不移，不被诸魔迷惑而变其心。大乘生句，是说如以上能层层观察，逐渐转深，以至最终以毗卢遮那上上智，穷其源底，故说渐次大乘生句（参《疏》卷三）。

译文

金刚手听佛说真言密教诸菩萨，直乘真言门上菩萨地，就又向佛问道：世尊，密教诸菩萨行道时，可获得几种无畏处？

　　这样问罢之后，摩诃毗卢遮那世尊告诉金刚手说：请认真听着，并善于领会。如果有情众生修行诸如不杀害生命，不偷不盗，不邪淫，不说谎话假话，不搬弄是非、挑拨离间，不恶语伤人，不花言巧语、文过其实，不贪图奢望，不愤怒仇恨，不信邪见、有自己的正确认识等十善业道，并以此来制止十不善业道，就能在善恶是非上解脱，得到善无畏。如果能正确地认识人身是由三十六物积集而成的，五种不净恶露充满其中，就不会贪爱己身，于己身解脱，得身无畏。如果能认识诸蕴集合而成的我身中，无有灵魂、真我、支配者等，如同树一样，树已不存，树影何来？广而言之，万物都是由不同的因素结合而成的，其中都没有真我之类的超存在物。这样就在真我、鬼神诸方面解脱，得无我无畏。如果进一步认识组成事物的那些因素，也是由别的因素聚合而成的，那些别的因素又有别的因素聚合而成，其本身也没有自己固定不变的规定性，这样就能于一切事物和现象上解脱，得法无畏。如果认识一切事物和现象都没有自性，除了心之外什么都没有，什么东西都不是实在的，三界唯心，心外更无一法，这样就能在一切事物和现象的实在性上解脱，得到法无我无畏。如果认识到自心也是空无所有，没有实在性，同一切事物和现象、认识事物的感觉器官、被感官摄取的客观外境，以及二者相互作用产生的认识，并且由此推论出来的各种观点看法等等，都是一样的性质。所谓自性亦无性，这样在实在的自心上也可解脱，得到一切法自性平等无畏。

秘密主，一般人在认识过程中得到的无畏处就是这样的。而真言门修行菩萨行的诸菩萨，直接深入观察十缘生句，就能以真言教法于自心通达作证。那么什么叫十缘生句呢？就是对幻、阳焰、梦、影、干闼婆城、响、水月、浮泡、虚空华、旋火轮等现象的观察认识，并由此得出的结论。

秘密主，秘密佛教中修行菩萨行的诸菩萨，是这样观察认识的：如咒术、药力等产生升空、隐形、履水、蹈火等不可思议的事情以及种种幻象，虽然一一推求没有实在性，但六情所对，现前明了。虽然展转相生，往来十方，变化多端，但亦非去非不去。为什么呢？因为它本身就是如此，不是人们推理判断的，要么是变化，要么是不变化；要么是有，要么是无那样，其本性即是清净，自己亲自证知才能认识到。真言门持诵修行，依三密方便而行，得成一切不可思议，超出逻辑思维所能判断推理范围的事，也是这样，种种推求都无所得，而自在神通，宛然不谬，其中奥妙，只有亲自证知才可知道。

又如阳焰，远远望去像一群奔腾的野马，像波涛汹涌的大海，但到近处一看，什么也没有，仅有的只是人们谈论的名相罢了。看一切事物和现象也是这样，性空假有。真言行者在瑜伽中见到的种种殊胜境界，包括所见十方诸佛海会，无不如此，仅仅是名言概念上的假名，是一种虚妄的分别。

又如梦中自见种种天宫乐土，或在地狱受苦，经历千百岁，而梦醒来之后则知一无所有，此作梦因缘中求其实在，都不可得，而梦事昭然，记忆犹新。此等以一念为千万岁，一心为无量境，不是世上有智慧的人所能判断推理出来的事，也不是可以怀疑的事，唯独作梦者自己可以印证。真言行者的瑜伽之梦也是这样，出现类此情况可不能起执着之心。

秘密主，又如镜子中照出来的影像，不是镜子所作，如面不照镜就影像不现。也不是人面所作，因为没有镜子面现不出来。也不是拿镜子的人所作，因为无镜无面则无影像，也不是本来自然就有，因为没有镜没有面没有执镜者，就没有影像，也不是没有因缘，如果没有因缘，应该常有或者常无，没有镜没有面，应该自己出来。由此可知影像不是自生，也不是他生，也不是无因缘而生。不是先无，也不是后无，不是先有，也不是后有，也不是非有无。一切事物都是如此，真言行者所成就之悉地也是如此。

秘密主，又如干闼婆城、海市蜃楼，远望去楼阁亭台，人物车马，灿然可观，然而只能眼见，而无实有。真言行者也同样，对于密严佛国、十方净土、修罗天宫等悉地宫，不能妄生贪着，求其实事。

秘密主，又如在深山峡谷中，空旷大屋里，发出声音，就有回响，而此响声因以声转声而有，不是由谁来发出的，愚痴之人不懂此中道理，执着为实有，以为有东西发出的。真言行者如在瑜伽中闻到种种音声，包括诸佛圣者现前以无量法音而教授，也要以响喻观察，认识到此诸境界都是从三密众缘而有，是事非生非灭，非有非无，这样就不致坠入戏论之中，自然得到音声智慧。

秘密主，又如明月照在平静的水面上，映现出月亮的影像，分分明明，与悬挂在虚空中的月亮毫无差别，而用棍子搅乱，水面失去平静，月影不再映现。真言行者观察事物亦如此，佛心月轮照于众生静水心中，空月水月，佛心自心，毫无分别。而水有不平，心有障碍，月影不现，心佛不生。又如千江万水，月亦不去，水亦不来，而一月当空，普映众水。观察心佛亦如此，众生心亦不来，佛心亦不去，而以智慧杖搅之，自心佛心无有实处。

秘密主，再观察雨水中的浮泡，泡起即是水起，泡灭即是水灭。心之变化也一样，佛心众生心，种种变化不同，均不离自心。真言行者在瑜伽中见到的种种不思议变化境界，心生则有，心灭便灭，终不离自心，生时无所来，灭时无所至。

再如空中本来没有男女房舍，园林花果，而因为心情迷乱，妄见种种人物形象。

再如空中旋转的火烬，有轮像出现，而实无轮像在空中，是旋转而产生。在真言瑜伽中随心所运，成就自在，亦是方便技巧使然。

秘密主，应该这样认识甚深缘起的大乘道理，自心证知自心的道理，如来智慧与自心实相无别无异超越至上，并安住于中的无等等的道理，其心坚固不动的道理，知极无自性心的正等觉的道理，渐次达到遍智一切的大乘生的道理。如此则拥有诸佛无量宝藏法财，具足一切如来种种神通智慧功德，上穷无尽法界，下极无量众生，其中一切心相，遍知无余。

2 入漫荼罗具缘真言品

入漫荼罗具缘真言品①

尔时，执金刚秘密主白佛言：希有！世尊说此诸佛自证三菩提，不思议法界超越心地，以种种方便道，为众生类如本性信解而演说法。惟愿世尊次说修真言行大悲胎藏生大漫荼罗王②，为满足彼诸未来世无量众生，为救护安乐故。

尔时，薄伽梵毗卢遮那于大众会中遍观察已，告执金刚秘密主言：谛听！金刚手，今说修行漫荼罗行，满足一切智智法门。

尔时，毗卢遮那世尊本昔誓愿成就无尽法界，度脱无余众生界故，一切如来同共集会，渐次证入大悲藏发生三摩地。

世尊一切支分皆悉出现如来之身，为彼从初发心乃至十地诸众生故，遍至十方，还来佛身本位，本位中住③而复还入。

时薄伽梵复告执金刚秘密主言：谛听！金刚手，漫荼罗位初，阿阇梨应发菩提心，妙慧慈悲，兼综众艺，善巧修行般若波罗蜜，通达三乘，善解真言实义，知众生心，信诸佛菩萨，得传教灌顶④等，妙解漫荼罗画，其性调柔，离于我执，于真言行善得决定，究习瑜伽，住勇健菩提心。秘密主，如是法则阿阇梨，诸佛菩萨之所称赞。

复次，秘密主，彼阿阇若见众生勘为法器，远离诸垢，有大信解，勤勇深信，常念利他。若弟子具如是相貌⑤者，阿阇梨应自往劝发，如是告言；

佛子此大乘，真言行道法，
我今正开演，为彼大乘器。
过去等正觉，及与未来世，
现在诸世尊，住饶益众生。
如是诸贤者，解真言妙法，
勤勇获种智，坐无相菩提。
真言势无比，能摧彼⑥大力，
极忿怒魔军，释师子救世。

是故汝佛子，应以如是慧，

方便作成就，当获萨婆若。

行者悲念心，发起令增广，

彼坚住受教，当为择平地。

山林多华果，悦意诸清泉，

诸佛所称叹，应作圆坛事。

或在河流处，鹅雁等庄严，

彼应作慧解，悲生漫荼罗。

正觉缘导师，圣者声闻众，

曾游此地分，佛所常称誉。

及余诸方所，僧坊阿练若，

华房高楼阁，胜妙诸池苑。

制底^⑦火神祠，牛栏河浑中，

诸天庙空室，仙人得道处。

如上之所说，或所意乐处，

利益弟子故，当画漫荼罗。

秘密主，彼拣择地，除去砾石、碎瓦、破器、髑髅、毛发、糠糟、灰炭、刺骨、朽木等，及虫蚁、蜣螂、毒螫之类，离如是诸过。遇良日晨^⑧、定日、时分、宿直诸执，皆悉相应。于食前时值吉祥相，先当为一切如来作礼。以如是偈警发地神：

汝天亲^⑨护者，于诸佛导师，

修行殊胜行，净地波罗蜜。

如破魔军众，释师子救世，

我亦降伏魔，我画漫荼罗。

彼应长跪舒手按地，频诵词偈，以涂香、华等供养。供养已，真言者复应归命一切如来。然后治地如其次第，当具众德。

注释

①"品"字之后，原有标明品数之"第二之一"四字，今均略去。《大正藏》校宋、元、明、宫，《中华藏》校资、碛、普、南、径、清无"之一"二字。此品选自该经第二品。漫荼罗，梵文 mandala 的音译，亦译慢怛罗、曼拿罗、满荼罗等。词根 manda 有中心、神髓、本质、醍醐味等义，后缀 la 有成就、所有之义，故 mandala 的原义为：本质神髓之所有者。秘密佛教以漫荼罗指称菩提境界中万德圆满的佛界。其意译有数种不同，多译作"轮圆具足"，表示佛之万德圆满如同毂、辋、辐共同组成完整的车轮一样。又译"聚集"，表示如来真实功德聚集一处。又译"发生"，表示佛之三密无尽庄严藏于此示现。又译"极无比味、无过上味"，或"醍醐味"等，取醍醐味之原义。

《疏》卷四解释说："梵音漫荼罗，是攒摇乳酪成苏之义，漫荼罗是苏中极精醇者，浮聚在上之义，犹彼精醇不复变易，复名为坚，净妙之味共相和合，余物所不能杂，故有聚集义，是故佛言极无比味，无过上味，是故说为漫荼罗也。以三种秘密方便，攒摇众生佛性之乳，乃至经历五味成妙觉醍醐，醇净融妙不可复增，一切金刚智印同共集会，于真常不变甘露味中最为第一，是为漫荼罗义也。"

漫荼罗，又译作坛、坛场、道场等，表示诸尊集会、万德聚集之所，通常又称作坛漫荼罗。慧琳《音义》卷十解释的圣众集会处，即就此念诵坛场而言。据不空译《大乐金刚不空真实三昧耶经般若波罗蜜多理趣释》说，有四种漫荼罗可摄瑜伽一切漫荼罗，即大漫荼罗、三昧耶漫荼罗、法漫荼罗、羯磨漫荼罗。觉密（Buddhaguhya）《法漫荼罗略诠》（北京版《藏文大藏经·本续解》第七十二函）说有三大种类：（一）自性漫荼罗，下分真谛、俗谛两种，以法身自内证之境界为自性真谛漫荼罗，以法身佛为诸修行众生示现之象征境界为自性俗谛漫荼罗。不空《诸部陀罗尼目》说《大日经》依胜义、世俗二谛建立漫荼罗，依胜义修行，建立法身漫荼罗，以观本尊法身，远离形色犹如虚空，住如是三摩地。依世俗谛修行，建立四轮（地、水、火、风）漫荼罗，与觉密所说相同。（二）观想漫荼罗，又分法身观、道场观、支分观三种，法身观即观想自性真谛漫荼罗，道场观即观想自性俗谛漫荼罗，支分观即观想行者自身支分示现无量佛，亦即观自身为本尊漫荼罗。三密中的意密，即此瑜伽观想法。（三）形象漫荼罗，即诸尊境界之绘画、雕刻之漫荼罗，通常人们所说的大都指此种漫荼罗。

按漫荼罗中出现之诸尊类别，又分为别尊漫荼罗，如释迦漫荼罗、如意轮漫荼罗等；部会漫荼罗，为佛部中之佛顶漫荼罗，莲花部漫荼罗；都会漫荼罗，如现图胎藏漫荼罗等。如漫荼罗等中有印契标帜，则称三昧耶漫荼罗，如有梵字真言等，则称种子漫荼罗或字轮漫荼罗（另参见《陀螺尼集经》《金刚顶经》《理趣经》等）。

② **大悲胎藏生大漫荼罗王**：亦略称大悲胎藏漫荼罗、悲生漫荼罗、大悲漫荼罗、胎藏漫荼罗等。据《疏》解释，以胎藏比喻修行者初发之一切智心，如父母和合因缘，识种子初托胎中，所有人身肢体器官因素都已完全具备。菩提心种子播植于众生心田，所有识心增长及至成佛之因亦悉完全具备，含藏于中。胎藏孕体吸收种种营养而逐渐发育成熟及至脱胎出生，而菩提心种子同样进行种种修行，不断净除烦恼尘垢，以大悲万行终至佛果，故说大悲胎藏生。简言之，即菩提心种子

被大悲万行所含养，终以方便发生一切智智。表现大悲胎藏生之漫荼罗，由中胎八叶、三重诸院组成，从佛菩提自证之德，现八叶中胎藏身（中胎大日，四方四佛，四隅四菩萨），从金刚密印现第一重金刚手等诸内眷属，从大悲万行现第二重普贤菩萨等诸大眷属，从普门方便现第三重一切众生喜见随类之身。

《疏》说："如上所说，菩提心为因，大悲为根，方便为究竟者，即是心实相花台，大悲胎藏开敷，以大悲方便现作三重普门眷属，以是义故，名为大悲胎藏漫荼罗。"（卷五）此漫荼罗中胎花藏为如来常智，如垂拱之君，三重眷属如环围之朝廷百揆，宗枝内弼，故称漫荼罗王。又因此漫荼罗具足因、根、究竟三句，在诸漫荼罗中最为完全圆满者，而称漫荼罗王。

③"还来佛身本位，本位中住"，《中华藏》校丽本作"还来佛身本位中位"，但校《大正藏》底本丽藏，与底本同，今按《疏》文等，仍从底本。

④**传教灌顶**：是对入室弟子传授印明支具，以表明获得阿阇梨职位的继承，和授法权力的一种灌顶仪式，故又称传法灌顶、传法阿阇梨灌顶、阿阇梨灌顶、付法灌顶等。其仪式主要有二种：（一）作坛行法之事业灌顶仪式，（二）坛中授与印明衣钵等的印法灌顶仪式。《疏》卷三说还要作心漫荼罗灌顶，弟子在瑜伽中

了了明见蒙受大日如来以大悲水作心灌顶，乃至十地波罗蜜满足时，十方诸佛现前灌顶授佛职位，得名传教灌顶。

⑤"相貌"，原作"貌"，《中华藏》校诸本作"相貌"，今按校本及《疏》文，补入"相"字。

⑥"彼"，《中华藏》校碛、普、南、径、清作"伏"，今按校本及《疏》文，仍从底本。

⑦**制底**：梵文 Caitya 的音译，亦译支提、制多等，意译塔、无上塔、塔庙、灵庙等，原义为积聚、聚相。

⑧**良日晨**：据《疏》说，作法要在白月分，其中一、三、五、七、十三为吉祥日，可以作漫荼罗，又八、十四、十五日为最胜。定日，按古印度历法，要计算小月在那一日，若小月在白分内，其月十五日即属黑分，不能用来作法。又按日月平行度计算，定望或在十四或在十六日。印度宿曜共七执：日、月、火、水、木、金、土。按次值日，其性有善恶，须择善性曜值日时作法。

⑨"亲"，《大正藏》校宋、宫作"视"，今按校本及《疏》文，仍从底本。

这时执金刚秘密主向佛说道：真是稀奇啊！世尊，您说这自心自觉、自心自证的即心成佛的道理，实在是不可思议，超越一切！世尊啊！您为了无量有情众生，能以种种巧妙的方法，按照不同的信解能力深入浅出地演说，使我们如饮甘露，智慧大增。但是，世尊，自心妙果以什么样的巧妙方法才能达到？具体怎样修？衷心希望您再为大会众生开演修真言行大悲胎藏生大漫荼罗王，以使未来世无量众生得到救护安乐。

这时候，毗卢遮那世尊看了看大会听众，又看了看那挣扎在三界六趣生死苦海中的芸芸众生，便告诉金刚手说：请你仔细地听，现在我就说修行漫荼罗的各个方面，以使一切智智法门得以完整圆满。

这时毗卢遮那世尊因为在以前本行菩萨道时，曾立下大誓言：我当成就一切诸佛法界，一定要度脱无余众生界。现在自己已成就佛果，但应当度脱苦海的众生还没有穷尽，所以一切如来以其相同的誓言和目的都来共同集会，共同以神通力加持广大会众，展示他们各自以其不同的方法和道路。在得善无畏时，怎样以声字观修漫荼罗行；在得身无畏时，怎样在有相观中修漫荼罗行；在得无我无畏时，如何于唯蕴无我中修行漫荼罗行；在得法无畏时，如何于法缘心中修漫荼罗行；在得法无我无畏时，如何于无缘心中修漫荼罗行；在得一切法自性平等无畏时，如何于平等心中修漫荼罗行；离垢地以去，各自如何于自地观心中修漫荼罗行，最后渐次证入大悲胎藏发生三摩地定中。时观察无尽法界，以一切心为一心，以一切法门为一法门。又观察无余众生界，以一心为一切心，以一法门为一切法门。

之后，大日世尊肢体各个部分，都出现了十方三世如来之身。自脐以下显现出生身佛释迦牟尼，其形态威仪、音容笑貌，一如人类、二乘六趣、世间众生，各有不同形色像貌、音声仪态，环侍而坐，及其眷属大众普于八方，如漫荼罗本位依次安住。自脐以上至咽，出现无量无数的止住修行于十地的众菩萨，各个加持三密之身，与其无量眷属普于八方，如漫荼罗本位次第而住。其中自心以下为修行大悲万行的，多如十佛刹微尘数的诸菩萨大眷属，自心以上是执持如来金刚智慧密印的，多如十佛刹微尘数的诸执金刚内眷属。从咽至如来顶相，出现四智四三昧果德佛身，八如来各以不同佛刹徒众、名号身业、受用诸身，如漫荼罗位普于八方，次第而住。从初发心至十地修行的众生，各在自己所处的阶位上，看见不同层次的壮观境界，处在初地的修行者，见此漫荼罗遍满法界，升住二地的修行者，见此漫荼罗愈广愈深，而至十一地之后者，见此漫荼罗圆满至极。看见十方诸佛菩萨从佛身普于十方，化现种种不同的形像，进行种种修行，千差万别，尔后又现如来菩萨之身，还至大日如来之身，成大日一佛一身。金刚手和大会听众目睹如此玄妙壮观的加持境界，无不额手称欢，忽然明白了一切方便，究竟同归的道理。

这时，毗卢遮那世尊又告诉执金刚秘密主说：金刚手，请仔细地听着，现在首先告诉你漫荼罗修行位中，阿阇梨所要具备的种种福德。金刚手，阿阇梨先应发菩提心，要有追求菩提的坚定不移的信念和勇往直前的意志。立下誓言：一旦得到一切智智之果，就要普度一切众生。要具有正确认识一切事物和现象，辨别判断善恶是非的智慧。要有慈爱和怜悯所有众生的慈悲之心，施众生与一切欢乐，拔众生之一切苦难。要熟练掌握世间种种知识和技巧艺术，诸如语言声论、因明逻辑、十八明处、六十四能、算数、方药、天文、地理、观相、工艺、绘画雕刻等等，样样都要精通。必须善于观察十缘生句，认识甚深般若波罗蜜中道义。要通达大小乘三藏教义，于戒、定、慧三学任运自在。要善解真言实义，种种真言、种种身印、种种本尊，以及法器用物、声字形色，对于其形相、类别、性质、用途、意义，都要运用自如，毫不差错。住瑜伽观想时，以加持方便，知道众生的心理活动及其性情爱好，并以此实施相应的说教，取得良好的效果。在任何障碍困难面前，坚信诸佛菩萨，不退缩、不怯弱，坚定不移，勇敢向前。还要得到传教灌顶，继承先师事业，传度绍位弟子。妙解漫荼罗画，其中方位相貌、调布众色、执笔绘画，都要独立进行。以净菩提心，以慧方便，能画作无尽庄严大漫荼罗王。其性格和善柔顺，不急躁卒暴，能忍辱负重，虽出生高贵，仪表堂堂，见多识广，各方面出群绝众，但从不生傲慢之心，能慈心下济，诱诲新学，乃至对于卑小种姓亦不怀下劣之想，嫉妒之心。在造立漫荼罗及诸行事时，对于怎样护身、结界，如何迎请、供养等，善于果断准确，从不犹豫含糊。善于修行瑜伽相应之法，观想作法，都能与理相应，一一通达。而在瑜伽修行中，出现种种可怕形像、恐怖音声、反常境界，都能沉着冷静，毫不动摇，无所畏惧。秘密主，阿阇梨要是具备这样的众德，即能流通密教，不断佛种，可称得上佛之真子，生于真言行，常为诸佛菩萨称赞。

佛接着说：又，秘密主，阿阇梨要是发现众生中有佛法根基的人，远离世俗尘垢，明见事理，决断智慧，信受慧解，精进不懈，常念利他，具备如此特征者可以选为弟子，付嘱教授，传之于法，或亲自前往劝发，告诉说：

佛子应知此大乘，真言行所乘之道，
以你因是大乘器，堪能信受才演说。
过去世之正觉者，及与未来之世尊，
十方三世现在佛，饶益众生为住处。
因解真言之妙法，皆获得一切智智，
由此而称大勤勇，安坐无相之菩提。
虽无相而具威力，摧伏魔军制外道，
普降甘露转法轮，而称师子救世者。
幸运佛子应知晓，以此真言之妙慧，
三密方便来成就，定能获得一切智。
世尊说罢弟子法，又开选择治地法：
真言行者悲念心，先要发起更增广，
知其坚住受法教，然后开始择平地。
山林胜处花果香，涓涓清泉悦人心，
如此所在佛称赞，用来可作圆坛事。
或在幽静河流处，雁翔鹅泳鸟啼鸣，
真言行者作慧解，建立悲生漫茶罗。
山泉福地佛曾游，声闻缘觉涅槃处，
名山胜地佛称誉，诸圣护持等地方。
圣迹之外他处所，僧侣修道及住处，
溢香花房高楼阁，芳草园林清净池。
宝塔矗立火神祠，村外牛栏河中滩，

天庙空室香火地，诸方仙人得道处。

如上胜地尽可选，亦可另选意乐方，

为了利益诸弟子，依法画作漫荼罗。

秘密主，拣选之地必须要清除砾石、碎瓦、破器、髑髅、毛发、糠糟、灰炭、刺骨、朽木等杂物，以及虫蚁、蜣螂、毒螫之类，以防秽污坛场。遇良日晨及定日，其时间与值日宿曜相应，并在食前出现庆云瑞气、氤氲五色、彩虹鲜明、妙音缭绕等吉祥景象之时可作法。先为一切如来作礼，以这样的偈颂警发地神：

守护大地之圣尊，亲近供养一切佛，

修行殊胜治诸地，净满诸度诸功德。

释迦师子救世者，昔日破魔你作证，

今又降魔治平地，亦证作画漫荼罗。

真言行者应长跪，两膝着地，舒手按地，诵此偈七遍。然后以种种涂香、鲜花、灯明供养。之后又归命一切如来，然后依次掘地平治，就会众德具备。

原典

尔时，执金刚秘密主头面礼世尊足，而说偈言：

佛法离诸相，法住于法位，

所说无譬类，无相无为作。

何故大精进，而说此有相，

及与真言行，不顺法然道？

尔时薄伽梵，毗卢遮那佛告执金刚手，善听法之相：

法离于分别，及一切妄想，

若净除妄想，心思诸起作，

我成最正觉，究竟如虚空。

凡愚所不知，邪妄执境界，

时方相貌等，乐欲无明覆。

度脱彼等故，随顺方便说，

而①实无时方，无作无造者，

彼一切诸法，唯住于实相。

复次秘密主，于当来世时，

劣慧诸众生，以痴爱自蔽。

唯依于有相②，恒③乐诸断常，

时方所造业，善不善诸相。

盲冥乐求果，不知解此道，

为度彼等故，随顺说是法。

秘密主，如是所说处所，随在一地，治令坚固，取未至地瞿摩夷及瞿摩怛罗④，和合涂之。次以香水真言洒净，即说真言曰：

南么三曼多勃驮喃，阿钵罗底三迷，伽伽那三迷，三么多奴揭帝，钵罗吃唳底微输睇，达摩驮睹微戍达你，莎词！⑤

　　行者次于中，定意观大日，
　　处白莲花座，发髻以为冠，
　　放种种色光，通身悉周遍。
　　复当于正受，次想四方佛，
　　东方号宝幢，身色如日晖，
　　南方大勤勇，遍觉花开敷⑥，
　　金色放光明，三昧离诸垢，
　　北方不动佛⑦，离恼清凉定，
　　西方仁胜者，是名无量寿，
　　持诵者思维，而住于佛室。
　　当受持是地，以不动大名⑧，
　　或用降三世，一切利成就。
　　白檀以涂画，圆妙漫荼罗，
　　中我第一身，第二诸救世，
　　第三同彼等，佛母虚空眼，
　　第四莲华手⑨，第五执金刚，
　　第六不动尊，想念置其下。
　　奉涂香花等，思念诸如来，
　　至诚发殷重，演说如是偈：
　　诸佛慈悲等，存念我等故，

明日受持地，并佛子当降。

如是说已，复当诵此真言曰：

南么三曼多勃驮喃，萨婆怛他蘖多，地瑟姹那地瑟祉帝，阿者丽，微么丽，娑么啰奶⑩，驮啰吃㗚底钵嚩输睇，莎诃！

持真言行者，次发悲念心，

依于彼西⑪方，系念以安寝。

思维菩提心，清净中无我，

或以梦中见，菩萨大名称，

诸佛无有量，现作众事业，

或以安慰心，劝嘱于行者：

汝念众生故，造作漫茶罗，

善哉摩诃萨，所画甚微妙。

复次于余日，摄受应度人，

若弟子信心，生种姓清净，

恭敬于三宝，深慧以严身。

堪忍无懈倦，尸罗⑫净无缺，

忍辱不悭悋，勇健坚心愿，

如是应摄取，余则无所观。

或十或八七，或五二一四⑬，

当作于灌顶，若复过此数。

注释

① "而"，原作"唯"，《中华藏》校诸本作"而"，今按校本及《疏》文，改正。

② "相"，原作"着"，《大正藏》校诸本，《中华藏》校资、碛、普、南、径、清作"相"，今按校本及《疏》文，改正。

③ "恒"，原作"怛"，今按校本及《疏》文，改正。

④ **瞿摩夷及瞿摩怛罗**：瞿摩夷，梵文 gamay 的音译，意即牛粪。瞿摩怛罗，梵文 gomūtram 的音译，意即牛尿，在古代印度，牛粪、牛尿被视为干净之物，故常用来涂抹坛场。

⑤ 此诸真言，原有标明断句之"一""二""三"等字，有的字下还有读音之加注小字，今均略去。以下同。即为：南么三曼多勃驮喃，即梵文 namaḥ samantra budhānām 的音译，意为归命普遍诸佛。阿钵罗底三迷，意即无等无对（即待对）。伽伽那三迷，梵文 gaganasame 的音译，意为等空。三么多奴揭帝，意即等随。钵罗吃㗚底微输睇，梵文 prakṛti pari śuddhe 的音译，意即本性清净。达摩驮睹微戍达儞，意即净除法界。莎诃，梵文 svāhā 的音译，表示警觉。

⑥ **遍觉花开敷**：南方佛全称开敷华王，或称娑罗

树王；遍觉，就如来智德之尊称，非其名称。

⑦ **不动佛**：就如来智德而称，佛名为天鼓雷音佛。《疏》解释说："次于北方观不动佛，作离热清凉，住于寂定之相，此是如来涅槃智，是故义云不动，非其本名也。本名当云鼓音如来，如天鼓都无形相，亦无住处，而能演说法音，警悟众生，大般涅槃亦复如是，非如二乘永寂，都无妙用，故以为喻也。"（卷四）

⑧ **不动大名**：此不动即不动明王，亦称不动尊、不动使者，为五大明王、八大明王之一。

《疏》解释说："所谓无动者，即是真净菩提之心，为表是义故，因事立名也。"（卷九）

⑨ **莲华手**：指观世音菩萨，以手执莲华故称，又为莲华部主尊而称。

⑩ 以上咒语分别为，萨婆怛他蘗多，梵文 sarva tathāgata 的音译，意即一切如来。地瑟姹那地瑟祉帝，梵文 adhistanādhistite 的音译，意即加持。阿者丽，梵文 aśale 的音译，意即不动。微么丽，梵文 vimale 的音译，意无垢。娑么啰奶，梵文 smarane 的音译，意即忆念。

⑪ "西"，《中华藏》校径、清作"四"，今按校本及《疏》文，仍从底本。

⑫ **尸罗**：梵文 Śīla 的音译，意译戒、戒律。

⑬ **或十或八七，或五二一四**：指一期道场所规定

灌顶之数，意即从一至二，从二超至四，从四至五，从五超至七，从七至八，从八超之十人，一期漫荼罗有此数之人可作阿阇梨灌顶，而不得同时为三人、六人、九人灌顶。

译文

这时候，执金刚秘密主以头面礼世尊足，而以偈问道：

佛法远离诸相状，不生不灭自清净，
言语概念无譬类，无造无作无现显。
现在为何大精进，又说择地造圆坛，
以及行法等事相，不与上说相矛盾？

听罢如此之所问，毗卢遮那大日尊回答告诉金刚手，请仔细听闻此中理：

事物现象离分别，本非众生所妄想，
若要净除颠倒想，及与思维妄判断，
须知自心如虚空，毕竟清净寂无相。
此中奥妙众不知，妄见诸境为实在，
如离诸相说无相，何以悟解而进趣。
为了度脱诸众生，随顺方便说有相，
实无时方漫荼罗，无有造者无行处，

一切诸法如此等，唯有安住于实相。
其次佛子金刚手，又因未来之世时，
劣慧无智诸众生，以其痴爱自相蔽。
仅依有相起贪着，断常生灭执异端，
时间方位诸行法，对错好坏诸有相。
如盲冥中乐求果，不知此中无相法，
为了度脱此等众，随顺应机如此说。

秘密主，以上所说处所中可选中一地，如法净治坚固，取未被践踏弄脏的牛粪和牛尿，和合成泥，涂抹坛上。然后以香水真言洒净，即说真言：

南么三曼多勃驮喃，阿钵罗底三迷，伽伽那三迷，三么多奴揭帝，钵罗吃嘌底微输睇，达摩驮睹微戌达俪，莎诃！

真言行者于此中，定意观想大日尊，
安坐在白莲华座，首戴发髻犹如冠，
通身遍体放光芒，种种色光金灿烂。
又观花台八叶上，正方安坐四方佛，
宝幢如来在东方，身色犹如朝日晖，
娑罗树王花开敷，是为南方大勤勇，
身相金色放光明，如住离垢三昧地，
北方如来天鼓音，离热清凉寂定相，
西方如来无量寿，亦作寂定真金色，

真言行者善思维，安然住于佛室中。
须要护持此中地，持诵不动明王名，
或用明王降三世，一切利益均成就。
白檀用来作图画，圆满精妙漫荼罗，
第一当画五方佛，第二救世诸菩萨，
第三所画同彼等，即是佛母虚空眼，
第四观音莲花手，第五部主金刚手，
第六明王不动尊，当置大日之下方。
手捧香花作供养，心中思念诸如来，
至诚殷重恭敬心，持诵偈颂如是言：
十方诸佛慈悲者，存念护持我等故，
明日受持此地时，均请降临作护持。
如是说罢之后，又诵此真言：

南么三曼多勃驮喃，萨婆怛他蘗多，地瑟姹那地瑟祉帝，阿者丽，微么丽，娑么啰奶，钵罗吃㗚底钵嚽输睇，莎诃！

持诵真言之行者，其次应发悲念心，
依于西方而安寝，系念莲花菩提心。
如意宝珠亦可念，清净无垢中无我，
或于梦中所见闻，诸佛菩萨化众生，
或闻诸尊安慰心，劝嘱鼓励修行者：
你能利益众生故，而来造作漫荼罗，

很好很好大菩萨，所画仔细甚微妙。

如此时至第二日，依法摄受应度人，

如果弟子发信心，生于清净种姓家，

恭敬供养于三宝，智慧深利超绝人。

精力充沛不懈倦，持戒无有缺减者，

忍辱负重不悭恪，坚定向前可胜任，

具备如此众德者，才应授受作灌顶。

一期道场之限数，从一至二二至四，

从二至四四至五，从五至七七至八，

从八至十灌顶人，不超十数是规则。

原典

尔时，金刚手秘密主复白佛言：世尊，当云何名此漫荼罗？漫荼罗者其义云何？

佛言：此名发生诸佛漫荼罗，极无比味，无过^①上味，是故说为漫荼罗。又秘密主，哀悯无边众生界故，是大悲胎藏生漫荼罗广义。秘密主，如来于无量劫积集阿耨多罗三藐三菩提之所加持，是故具无量德，当如是知。

秘密主，非为一众生故如来成正等觉^②，亦非二非多，为怜悯无余记及有余记诸众生界故。如来成正等觉，以大悲愿力于无量众生界，如其本性而演说法。秘密主，无大乘宿习，未曾思维真言乘行，彼不能少分见闻，欢喜信受。

又金刚萨埵，若彼有情昔于大乘真言乘道无量门进趣，已曾修行，为彼等故，限此造立名数。

彼阿阇梨亦当以大悲心立如是誓愿，为度无余众生界故，应当摄受③无量众生，作菩提种子因缘。

持真言行者，如是摄受已，

命彼三自归，令说悔先罪。

奉涂香花等，供养诸圣尊，

应授彼三世，无障碍智戒。

次当授齿木，若优昙钵罗④，

或阿说他⑤等，结护而作净，

香花以庄严，端直顺本末，

东面或北面，嚼已而掷之，

当知彼众生，成⑥器非器相。

三结修多罗⑦，次系等持臂，

如是受弟子，远离诸尘垢，

增发信心故，当随顺说法。

慰喻坚其意，告如是偈言：

汝获无等利，位同于大我⑧，

一切诸如来，此教菩萨众，

皆以摄受汝，成办于大事。

汝等于明日，当得大乘生，

如是教授已，或于梦寐中。

睹见僧住处，园林悉严好，

堂宇相殊特，显敞诸楼观，

幢盖摩尼珠，宝刀悦意花，

女人鲜白衣，端正色姝丽，

密亲或善友，男子如天身，

群牛丰犊乳，经卷净无垢。

遍知因缘觉，并佛声闻众，

大我⑨诸菩萨，现前授诸果。

度大海河池，及闻所乐声，

空中言吉祥，当与意乐果。

如是等好相，宜应谛分别，

与此相违者，当知非善梦。

善住于戒者，晨起白师已，

师说此句法，劝发诸行人：

此殊胜愿道，大心摩诃衍，

汝今能志求，当成就如来。

自然智大龙⑩，世间敬如塔，

有无悉超越，无垢同虚空。

诸法甚深奥，难了无含藏，

离一切妄想，戏论本无故。

作业妙无比，常依于二谛，

是乘殊胜愿，汝当住斯道。

注释

①"过"，《大正藏》校诸本，《中华藏》校资、碛、普、南、径、清无，今按校本及《疏》文，仍从底本。

②"正等觉"，原作"正觉"，《中华藏》校资、碛、普、南、径、清、丽作"正等"，今按校本及《疏》文，补入"等"字。

③"摄受"，原作"取彼"，校本同，《大正藏》校诸本，《中华藏》校资、碛、普、南、径、清作"摄受"，今按二校及《疏》文，改正。

④**优昙钵罗**：梵文 Utpalam 的音译，意译睡莲。

⑤**阿说他**：梵文 Aśvatth 的音译，毕波罗树的异名，属桑科乔木。

⑥"成"，原作"或"，《中华藏》校资、碛、普、南、径、清作"成"，今按校本及《疏》文，改正。

⑦**修多罗**：梵文 Sūtram 的音译，意译致、线、条等，在密教仪式中称金刚线，或五色绳。《疏》说："五色绳者，即是如来五智，亦是信、进、念、定、慧五

法，以此五法贯摄一切教门，是故名为修多罗，古译谓之綖经也。若见谛阿阇梨能以如来五智，加持弟子菩提心中五种善根，贯摄万行，系持于瑜伽之臂，使经历生死常不失坏。"（卷五）

⑧ **大我**：在此指诸佛，以诸佛成就八自在我，故称。

⑨ "大我"，《大正藏》校官、乙、丙、丁作"大乘"，误。今按校本及《疏》文，仍从底本。

⑩ **大龙**：如来别号，比喻佛之不可思议无方大用。

译文

这时金刚手秘密主又向佛问道：世尊，刚才听了您讲的漫荼罗行法仪轨，然而此漫荼罗叫什么名字？它的含义究竟是什么呢？

佛回答说：此漫荼罗叫诸佛发生漫荼罗，其义如同攒摇乳酪成酥，而酥中极精醇佳味之醍醐浮聚在上一样，具有极无比味、无过上味的意思，所以称之为漫荼罗。又因为哀悯无量众生，所以就其广义称之为大悲胎藏生漫荼罗。秘密主，如来于无数无量劫时间中，积集无上正遍智慧，无量功德，并以此加持漫荼罗，所以漫荼罗又有万德聚集、轮圆具足的意思。

秘密主，此方便权宜的漫荼罗虽然限制名数，但如来真实漫荼罗，决非为了一个二个，或者数个众生，而是为了怜悯一切众生。如来成正觉智慧，发大悲誓言，是为无数众生界，随其本性而演说正法，行大悲胎藏漫荼罗。秘密主，没有大乘根基，没有思维修行真言乘行，是一点也不能见闻信受的。

又金刚萨埵，如果有情众生中，有的曾修行过真言乘道，在各方面都有进趣，才能够接受见闻，所以为他们造立漫荼罗并规定人数。

行漫荼罗法的阿阇梨，也要发广大誓言，为度脱无数众生界，从广义上理解漫荼罗的真实含义，三界六趣以为漫荼罗，见闻触知即为行法仪则，如此必成菩提佛果。

修持真言之行者，如是摄受护持后，
即命弟子三自归，令说忏悔以前罪。
奉持涂香及鲜花，恭敬供养诸圣尊，
然后应该授弟子，三世无障碍智戒。
其次应授与齿木，其木要用阿说他，
优昙钵罗亦可用，真言结护香水净，
缠以鲜花来装饰，根末顺直不颠倒，
坛外向东或向北，弟子嚼罢而掷之。
以此可知彼众生，成器或者不成器。
再次结护五色线，系之手背作护持，

如是摄受诸弟子，令其远离诸尘垢，
为了增发其信心，随顺其性而说法。
诸言安慰坚其意，告诉如是偈颂言：
你已获得无比利，地位已同自在我，
十方三世诸如来，秘密佛教菩萨众，
都已摄受护持你，从此成办诸大事。
你们当在明日时，生于如来种姓中，
如是教授弟子后，注意梦中所现境。
要是梦见僧住处，花果滋茂好园林，
花房绮疏香芬芳，亭台楼阁烟云绕，
幢幡飘动珠光闪，宝刀莹彻花妖娆，
白衣轻纱端庄女，冰肌玉肤色姝丽，
父母亲友传法师，男子威严如天身，
牸牛群牧乳丰盈，经夹净白无垢尘。
遍知因缘声闻众，辟支佛及诸如来，
众多菩萨及金刚，现前授予珍妙果。
大海河池尽渡过，处处闻见所乐声，
空中有声说吉祥，或闻授与意乐果。
梦中出现如是境，即知善相宜分别，
如与此相违背者，当知不是好梦境。
真言行者善住戒，晨起将梦告诉师，
上师应说此句法，劝发行人诸弟子：

真言秘乘殊胜道，大心菩萨无不乘，
如今你等能志求，定当成就自然智。
自觉自证如来慧，世间众生敬如塔，
是有是无悉超越，清净无垢同虚空。
深奥诸法思难量，三密当入无含藏，
远离一切虚妄想，种种谬论自无生。
如来智业妙无比，真谛俗谛权实理，
殊胜智愿秘密乘，你等当住于斯道。

原典

尔时，住无戏论执金刚白佛言：世尊，愿说三世无碍智戒，若菩萨住此者，令诸佛菩萨皆欢喜故。如是说已。

佛告住无戏论执金刚等言：佛子，谛听！若族姓子住是戒者，以身语意合为一，不作一切诸法。云何为戒？所谓观察舍于自身，奉献诸佛菩萨。何以故？若舍自身，则为舍彼三事。云何三事？谓身、语、意。是故族姓子以受身语意戒，得名菩萨。所以者何？离彼身语意故，菩萨摩诃萨应如是学。

次于明日以金刚萨埵加持自身，为世尊毗卢遮那作礼。应取净瓶盛满香水，持诵降三世真言而用加之，置初门外，用洒是诸人等。彼阿阇梨以净香水授与，令彼心清净故。

尔时，执金刚秘密主以偈问佛：

种智说中尊，愿说彼时分，

大众于何时，普集现灵瑞？

漫荼罗阇梨，殷勤持真言？

尔时薄伽梵，告持金刚慧：

常当于此夜，而作漫荼罗，

传法阿阇梨，如是应次取，

五色修多罗，稽首一切佛，

大毗卢遮那，亲自作加持。

东方以为首，对持修多罗，

至脐而在空，渐次右旋转，

如是南及西，终竟于北方。

第二安立界，亦从初方起，

忆念诸如来，所行如上说，

右方及后方，复周于胜方①。

阿阇梨次回，依于涅哩底②，

受学对持者，渐次以南行。

从此右旋绕，转依于风方③，

师位移本处，转依于火方④。

持真言行者，复修如是法，

弟子在西南，师居伊舍尼⑤。
学者复旋绕，转依于火方，
师位移本处，而住于风方⑥。
如是真言者，普作四方相，
渐次入其中，三位以分之。
已表三分位，地相普周遍，
复于一一分，差别以为三。
是中最初分，作业所行道，
其余中后分，圣天之住处，
方等有四门，应知其分剂。
诚心以殷重，运布诸圣尊，
如是造众相，均调善分别。
内心妙白莲，胎藏正均等，
藏中造一切，悲生漫荼罗，
十六央具梨⑦，过此是其量。
八叶正圆满，须藥皆严好，
金刚之智印，遍出诸叶间。
从此花台中，大日胜尊现，
金色具⑧晖曜，首持发髻冠，
救世圆满光，离热住三昧。
彼东应画作，一切遍知印，
三角莲花上，其色皆鲜白，

火焰遍围绕，皓洁普周遍。
次于其北维，导师诸佛母，
晃耀真金色，缟素以为衣，
遍照犹日光，正受住三昧。
复于彼南方，救世佛菩萨，
大德圣尊印，号名满众愿，
真陀摩尼珠，住于白莲上⑨。
北方大精进，观世自在者，
光色如皓月，商佉军那花，
微笑坐白莲，髻现无量寿。
彼右大名称，圣者多罗尊，
青白色相杂，中年女人状，
合掌持青莲，圆光靡不遍，
晖发犹净金，微笑鲜白衣。
左⑩边毗俱胝，手垂数珠鬘，
三目持发髻，尊形犹皓素，
圆光色无主，黄赤白相入。
次近毗俱胝，画得大势尊，
被服商佉色，大悲莲花手，
滋荣而未敷，围绕以圆光。
明妃住其侧，号持名称者，
一切妙璎珞，庄严金色身，

执鲜妙花枝，左持钵胤遇

近圣者多罗，住于白处尊，

发冠袭纯白，钵昙摩花手。

于圣者前作，大力持明王，

晨朝日晖色，白莲以严身，

赫奕成焰鬘，吼怒牙出现，

利爪兽王发，何耶揭利婆^⑪。

如是三摩地，观音诸眷属。

复次华台表，大日之左^⑫方，

能满一切愿，持金刚慧者，

钵胤遇花色，或复如绿^⑬宝，

首戴众宝冠，璎珞庄严身，

间错互严饰，广多数无量，

左执跋折罗，周环起光焰。

金刚藏之右，所谓忙莽鸡，

亦持坚慧杵，严身以璎珞。

彼右次应置，大力金刚针，

使者众围绕，微笑同瞻仰。

圣者之左方，金刚商揭罗，

执持金刚锁，自部诸使俱，

其身浅黄色，智杵为标帜。

于执金刚下，忿怒降三世，

摧伏大障者，号名月黡尊，
三目四牙现，夏时雨云色，
阿咤咤笑声，金刚宝璎珞。
摄护众生故，无量众围绕，
乃至百千手，操持众器械，
如是忿怒等，皆住莲花中。
次往西方画，无量持金刚，
种种金刚印，形色各差别，
普放圆满光，为诸众生故。
真言主⑭之下，依涅哩底方，
不动如来使，持慧刀羂索，
顶发垂左肩，一目而谛观，
威怒身猛焰，安住在盘石。
面门水波相，充满童子形，
如是具慧者，次应往风方。
复画忿怒尊，所谓胜三世，
威猛焰围绕，宝冠持金刚，
不顾自身命，专请而受教。
已说初界域，诸尊方位等，
持真言行人，次往第二院。
东方初门中，画释迦牟尼，
围绕紫金色，具三十二相，

被服袈裟衣，坐白莲花台，
为令教流布，住彼而说法。
次于世尊右，显示遍知眼，
熙怡相微笑，遍体圆净光，
喜见无比身，是名能寂母。
复于彼尊右，图写毫相明，
住钵头摩花，圆照商借色，
执持如意宝，满足众希愿，
晖光大精进，救世释师子。
圣尊之左方，如来之五顶，
最初名白伞，胜顶最胜顶，
众德火光聚，乃与舍除顶，
是名五大顶，大我之释种⑮，
应当依是处，精心造众相。
次于其北方，布列净居众，
自在与普华，光鬘及意生，
名称远闻等，各如其次第。
于毫相之右，复画三佛顶，
初名广大顶，次名极广大，
及无边音声，皆应善安立。
五种如来顶，白黄真金色，
复次三佛顶，白黄赤兼备，

其光普深广，众璎珞庄严，
所发弘誓力，一切愿皆满。
行者于东隅，而作火仙像，
住于炽焰中，三点灰为标，
身色皆深赤，心置三角印，
而在圆焰中，持珠及澡瓶。
右方阎摩王，手秉坛拏印⑯，
水牛以为座，震电玄云色，
七母并黑夜，妃后等围绕。
涅哩底鬼王，执刀恐怖形，
缚噜拏龙王，羂索以为印。
初方释天主⑰，安住妙高山，
宝冠被璎珞，持跋折罗印，
及余诸眷属，慧者善分布。
左置日天众，在于舆辂中，
胜无胜妃等，翼从而侍卫。
大梵在其右，四面持发冠，
唵字相为印，执莲在鹅上。
西方诸地神，辩才及毗纽，
塞建那风神，商羯罗月天，
是等依龙方，画之无遗谬，
持真言行者，以不迷惑心。

佛子次应作，持明大忿怒，

右号无能胜，左无能胜妃。

持地神奉瓶，虔敬而长跪，

及二大龙王，难陀跋难陀 ⑱，

对处厢曲中，通门之大护。

所余释种尊，真言与印坛，

所说一切法，师应具开示。

持真言行者，次至第三院，

先图妙吉祥，其身郁金色，

五髻冠其顶，犹如童子形。

左持青莲花，上表金刚印，

慈颜遍微笑，坐于白莲台 ⑲，

妙相圆普光，周匝互晖映。

右边应次画，网光童子身，

执持众宝网，种种妙璎珞，

住宝莲花座，而观佛长子。

左边画五种，与愿金刚使，

所谓髻设尼，优波髻设尼，

及与质多罗，地慧并请召，

如是五使者，五种奉教者，

二众共围绕，侍卫无胜智。

行者于右方，次作大名称，

除一切盖障，执持如意宝。
舍于二分位，当画八菩萨：
所谓除疑怪，施一切无畏，
除一切恶趣，救意慧菩萨，
悲念具慧者，慈起大众生，
除一切热恼，不可思议慧。
次复舍斯位，至于北胜方，
行者以一心，忆持布众彩，
而造具善忍，地藏摩诃萨，
其座极巧丽⑳，身处于焰胎，
杂宝庄严地，绮错互相间，
四宝为莲花，圣者所安住。
及与大名称，无量诸菩萨，
谓宝掌宝手，及与持地等，
宝印手坚意，上首诸圣尊，
各与无数众，前后共围绕。
次复于龙方，当画虚空藏，
勤勇被白衣，持刀生焰光，
及与诸眷属，正觉所生子，
各随其次第，列坐正莲上。
今说彼眷属，大我菩萨众，
应善图藻缋，谛诚勿迷忘。

谓虚空无垢，次名虚空慧，

及清净慧等，行慧安慧等。

如是诸菩萨，常勤精进者，

各如其次第，而画庄严身。

略说大悲藏，漫茶罗位竟。

注释

① **胜方**：即北方。

② **涅哩底**：梵文 Nirṛitiḥ 的音译，亦译泥哩底、祢哩底，原为破坏、不幸、灾祸之女神。密教中为罗刹王，或称罗刹天、罗刹主，为西南方之主，故在此以涅哩底指西南方。

③ **风方**：即西北方，以风天所处之方，故称。

④ "于火方"，《大正藏》校宋、宫，《中华藏》校资作"火天上"，今按校本及《疏》文，仍从底本。火方，即东南方，以火天所护之方而称。以下有龙方者，指西方而言。

⑤ **伊舍尼**：梵文 Iśānaḥ 的音译，亦译伊舍那，为东北方之护天，故在此以伊舍尼指东北方。

⑥ "于风方"，《大正藏》校宋、宫，《中华藏》校资作"风天"，今按校本及《疏》文，仍从底本。

⑦ **央具梨**：为指头之义。

⑧ "具"，《大正藏》校诸本，《中华藏》校资、碛、普、南、径、清作"甚"，今按校本，仍从底本。

⑨ "上"，原作"花"，《大正藏》校诸本，《中华藏》校资、碛、普、南、径、清作"上"，今按二校及《疏》文，仍从底本。

⑩ "左"，原作"右"，《大正藏》校丙，《中华藏》校石作"左"，今按二校《疏》文，改正。

⑪ "何"，《大正藏》校元、明，《中华藏》校碛、普、南、径、清作"阿"，今按校正及《疏》文，仍从底本。何耶揭利婆，梵文 Hayagrīvaḥ 的音译，意译马头观音。

⑫ "左"，原作"右"，《中华藏》校石作"左"，今按二校《疏》文，改正。

⑬ "绿"原作"缘"，《中华藏》校资、碛、普、南、径、清作"上"，今按此及校本并《疏》文，改正。

⑭ **真言主**：此指大日如来，以真言教法之教主而称。

⑮ "种"，原作"幢"，《中华藏》校资、碛、普、南、径、清作"种"，今参诸校本及其文义，改正。

⑯ **坛拏印**：梵文 daṇḍaḥ 的音译，亦译焰摩印，此指所持首有人头形之棒。

⑰ "主"，《中华藏》校资、碛、普、南、径、清作

"王"，今按校本及《疏》文，仍从底本。

⑱"难陀"，原作"难徒"，《中华藏》校资、碛、普、南、径、清、丽作"难陀"，今按校本及《疏》文，改正。"跋难陀"，原作"拔难陀"，《大正藏》校宋、元、明、宫作"跋难陀"，今按校本及《疏》文，改用"跋难陀"。

⑲"台"，原作"华"，《中华藏》校资、碛、普、南、径、清作"台"，今按校本及《疏》文，改正。

⑳"丽"，原作"严"，校本同，《大正藏》《中华藏》校诸本作"丽"，今改。

译文

大日如来如是说罢之后，住无戏论执金刚，又向佛请求说：世尊，请您为我们讲说三世无碍智戒，因为行者住此戒，诸佛菩萨都非常欢喜。

佛告住无戏论执金刚等说：佛子请听！如果真言行者将身口意三业合而为一，能深入观察十缘生句，了知三业毕竟不生，一切本来如此，常无运动无作为，如此就是三世无障碍智戒。但这种认识何以称为戒呢？因为有了认识，就可舍弃自身，把自身奉献于诸佛菩萨。为什么呢？因为舍施了自身，就是舍弃了三业。什么是三业呢？三业就是人身体的各种活动行为的身业，进行语言活动的语业，进行思维、情感、意识活动的意业。如果真言行者能受身语意戒，即可称得上是菩萨。这又为什么呢？因为完全脱离了身语意三业，就脱离了一切烦恼及无明，所以菩萨摩诃萨应该如此认识持戒。

受戒第二天，要以金刚萨埵加持自身，观自身为金刚萨埵。然后为毗卢遮那世尊作礼，应取净瓶盛满香水，而以降三世明王真言持诵加护，置于漫荼罗初门之外，用来洒净持行者。阿阇梨以净香水授与弟子喝下，使其心清净。

这时，执金刚秘密主又向佛问起，如何造立漫荼罗的事情，用偈颂问：

一切智智大日尊，先为大众说时间，

如来菩萨诸圣尊，何时普集现灵瑞？

漫荼罗中阿阇梨，何时传持行诸事？

摩诃毗卢遮那世尊，也以偈颂告诉持金刚慧说：

常在行法第七夜，事毕而画漫荼罗，

传法行事阿阇梨，有条不紊应次取，

先取白赤黄绿黑，五色三线修多罗，

稽首诸佛大日尊，亲自临坛作加持。

先从东方来开始，对持五色金刚线，

举至脐处在空中，渐次向右作旋转，

如是从南至西方，最终持之于北方。
其次安立诸界域，亦从东方来开始，
行时意念诸如来，先后旋转同上说，
从右至及于后方，复又周转于左方。
其次回转阿阇梨，依于西南涅底哩，
受学行之对持者，相应回转向南行。
至南又要右旋绕，转依西北之风方，
师位又移原来处，居之东南于火方。
受学真言之行者，复又转依如上说，
弟子对持在西南，师居东北伊舍尼，
受学弟子又旋绕，转依东南之火方，
师位又移原来方，止住西北之风方。
如上持线划界域，最终作成四方相，
行者渐次入其中，三分四方成三方。
又在三个方相中，分作三分为差别，
其中最初之所分，当作行法之道路，
其余中分和后分，均为圣天之住处。
方坛四方开四门，大小尺寸应适宜，
恭敬至诚心殷重，安排分布诸圣尊，
然后开始造众相，均匀谐调善分别。
方坛胎藏正均等，内心之中妙白莲，
花藏之中造一切，大悲发生漫荼罗，

其量最小十六指，过此按倍扩大之。
八叶莲花正圆满，花瓣须蕊皆严好，
智慧之印金刚杵，间隔出在八叶间，
从此花台之中央，大日胜尊来显现。
通身金色具晖曜，首戴发髻如宝冠，
遍体救世圆满光，离热清凉住三昧。
大日之东应画作，一切如来遍知印，
莲花之上三角形，莲花三角均白色，
光焰围绕遍知印，皓洁普遍如白天。
其次大日之北方，大日佛母虚空眼，
周身晃曜真金色，清净缟素以为衣，
光芒照遍犹日光，犹如天女住三昧。
又在大日之南方，画作救世佛菩萨，
以及大德圣尊印，真陀摩尼之宝珠，
住于白莲光闪闪，有名号作满众愿。
大日北方大精勤，莲花部主观自在，
身色犹如皓月光，亦如螺贝军那花，
熙怡微笑坐白莲，髻中现显无量寿。
观音右边大名称，面向大日多罗尊，
不青不白色相杂，不老不少中年女，
双手合掌持青莲，通身圆光无不遍，
晖发犹如净金色，被服白衣微笑相。

观音左边毗俱胝，四手其一垂珠鬘，
面有三目戴发髻，其身洁白犹皓素，
圆光无主色相入，不纯黄纯赤纯白。
次近左边毗俱胝，莲花明王大势尊，
被服鲜白螺贝色，手中持住青莲花，
滋荣含苞待开放，枝头顶上圆光绕。
大势明妃住其侧，有号称持名称者，
一切珍妙之璎珞，修饰装扮金色身，
鲜妙花枝右手执，钵胤遇花左手持。
多罗之右所住尊，莲花部母称白处，
头戴天髻袭素衣，开敷莲花左手执。
观音圣前应画作，本部忿怒持明王，
非黄非赤晨晖色，鲜白莲花璎珞身，
光焰威猛赫奕奕，忿怒脸上双牙长，
利爪竖发如兽王，马头明王是其名。
如是作画或观想，莲花眷属至此竟。
又在莲花中台表，大日如来之左方，
当画能满一切愿，金刚部主金刚手，
身色淡黄钵胤遇，或如绿宝天显色，
首戴三峰山字冠，种种璎珞及杂宝，
其数之多不可数，间错严饰宝光闪，
左持五股金刚杵，其上围绕光焰鬘。

金刚部主之右方，金刚部母忙莽鸡，
亦持坚慧金刚杵，周身饰以众璎珞。
部母之右次应置，号名大力金刚针，
女形使者众围绕，胡跪微笑同瞻仰。
金刚部主之左方，应当画作金刚鏁，
金刚连鏁手中执，自部使者众围绕，
身色皆是浅黄色，所持标帜金刚杵。
金刚萨埵之下方，忿怒明王降三世，
摧伏一切大障者，有号称作月靥尊。
面有三目四牙现，身色夏时雨云貌，
发出笑声阿吒吒，金刚宝珠璎珞身。
摄护众生威猛势，忿怒眷属众围绕，
或有一身百千手，各持器械森然竖，
如是忿怒数无量，或住或立莲花中。
其次再往西方画，无量无数执金刚，
各有形色各持印，为诸众生普放光。
大日如来真言主，其下依之西南方，
如来使者不动尊，手持慧刀和羂索，
顶有莎髻垂左肩，额有皱纹水波状，
一目怒视众生界，威怒之身猛焰烈，
牙咬唇边童子形，安然稳坐盘石上。
又在下方西北隅，当画如是具慧者，

形状忿怒持明王，有名号称降三世，
首戴宝冠持金刚，威猛怒火焰围绕，
奋不顾身烈火性，召摄众生来受教。
以上所说初界域，及与诸尊方位等，
受持真言之行人，其次应往第二院。
起自东方初门中，释迦牟尼先应画，
三十二相齐具备，周身围绕紫金色，
被服袈裟干陀色，身坐白莲说法状。
释迦牟尼之右方，释迦佛母遍知眼，
熙怡微笑喜悦貌，周身遍体圆净光，
端丽无比世乐见，有号称作能寂母。
又在佛母之右边，图写如来毫相印，
住于莲花钵头摩，圆光照耀鲜白色，
手中执持如意珠，以表满足众愿望，
晖光闪耀大精进，号称救世释师子。
释迦圣尊之左方，当画如来五佛顶，
最初名为白伞盖，其次胜顶最胜顶，
第四众德火聚顶，第五即是舍除顶，
如是称名五大顶，释迦如来五智顶，
顶有重髻轮王形，依次精心造众相。
其次又在其北方，一一布列净居众，
一为自在二普华，三称光鬘四意生，

名称远闻为第五，依次而画五天子。
释迦毫相之右方，又画释迦三佛顶，
广大佛顶为第一，次名极广大佛顶，
第三无边音声顶，前后依次皆安立，
真金郁金浅黄色，极白浅白五顶色，
白色黄色及赤色，三色兼备三顶色，
八顶周身光深厚，各以璎珞严饰身，
如来所发弘誓力，一切愿望皆满足。
行者又在其东隅，应当画作火仙像，
身处炽烈火焰中，额及两臂三点灰，
全身皆是深赤色，当心置有三角印，
印上围远圆光焰，左持数珠右澡瓶。
次于右方阎摩王，手持印契人头棒，
身骑水牛以为座，色如震电玄云色，
七母女鬼黑夜神，其后死后众围绕。
西南鬼王涅底哩，手执长刀恐怖形，
西方龙王嚩噜拏，执持罥索以为印。
东方释天因陀罗，须弥山上众围绕，
首戴宝冠被璎珞，执持印相金刚杵，
舍脂夫人六欲天，均为眷属善分布。
其左当画日天众，八马车辂安然住，
左右二妃胜无胜，翼从眷属侍周围。

其右当画梵天王，四面四手戴发冠，
一手唵字一手莲，数珠军持坐鹅东。
西方应画诸地神，次北辩才毗纽天，
塞建那天与风神，商羯罗天与月天，
如是诸天依西方，一一画之勿遗忘，
持诵真言之行者，没有迷惑颠倒心。
释迦下方应画作，持明之王大忿怒，
其右号为无能胜，其左即无能胜妃。
西门地神持宝瓶，虔诚恭敬而长跪，
首有七头二龙王，左跋难陀右难陀，
对处厢曲第二重，作为重门之大护。
所余释种诸眷属，以及真言与印坛，
形色种类及一切，上师应当都开示。
修行真言之行者，其次作画第三院，
文殊师利妙吉祥，其色画作郁金色，
顶有五髻为宝冠，其身犹如童子形。
左手执持青莲花，花上就有金刚印，
慈颜熙怡微笑相，白莲花台以为座，
妙相圆光普照耀，周身遍体互晖映。
右边依次应画作，网光菩萨童子身，
手印执持众宝网，种种璎珞来严饰，
宝莲花台安然住，仰头而观佛长子。

文殊之左画五种，　与愿金刚使者像，
其名称为髻设尼，　以及优婆髻设尼，
第三名为质多罗，　地慧请召是四五，
如是五种使者众，　各有一名奉教者，
二众使者及奉教，　左右侍卫无胜智。
真言行者于右方，　应当画作大名称，
除一切盖障菩萨，　执持莲上珠光闪。
其下二位各一侧，　应当画作八菩萨：
右侧菩萨除疑怪，　左侧施一切无畏，
第三除一切恶趣，　第四救意慧菩萨，
第五悲念具慧者，　第六慈起大众生，
第七除一切热恼，　第八不可思议慧。
其他余位皆仿此，　然后尽之于北方，
真言行者以一心，　忆持思念布众彩，
先当作画具善忍，　地藏菩萨摩诃萨，
种种杂宝装饰地，　四宝作成莲花座，
宝光绮错互晖映，　身处焰胎安然住。
左右两侧二分位，　诸大菩萨众无数，
宝掌菩萨在左侧，　宝处菩萨在右侧，
再左即是宝印手，　再右即是持地者，
又在其侧坚固意，　如是上首诸圣尊，
各与无数众眷属，　前后左右共围遶。

其次又在于西方，当画菩萨虚空藏，
精勤勇猛被白衣，所持之刀生焰光，
并与众多之眷属，释种出生之佛子，
如是菩萨诸眷属，各有眷属坐莲上。
善图藻绘应善画，严饰其身勿迷忘。
虚空无垢为其首，次名菩萨虚空慧，
再名菩萨清净慧，行慧安慧在其后。
如是众多之菩萨，常勤精进之行者，
皆悉各依其次第，以画来庄严其身。
如上略说大悲藏，漫荼罗位至此竟。

原典

　　尔时，执金刚秘密主于一切众会中谛观大日世尊，
目不暂瞬，而说偈言：
　　一切智慧者，出现于世间，
　　如彼优昙花，时时乃一现，
　　真言所行道，倍复甚难遇。
　　无量俱胝劫，所作众罪业，
　　见此漫荼罗，消灭尽无余，
　　何况无量称，住真言行法。
　　行此无上句，真言救世者，

止断诸恶趣，一切苦不生，

若修如是行，妙慧深不动。

时普集会一切大众及诸持金刚者，以一音声叹金刚
手言：

善哉善哉大勤勇，汝已修行真言行，

能问一切真言义，我等咸有意思维。

一切现为汝证验，依住真前言之行力，

及余菩提大心众，当得通达真言法。

尔时，执金刚秘密主复白世尊而说偈言：

云何彩色义，复当以何色？

云何而运布？是色谁为初？

门标旗量等，厢卫亦如是，

云何建诸门，愿尊说其量。

奉食华香等，及与众宝瓶，

云何引弟子？云何令灌顶？

云何供养师？愿说护摩①处。

云何真言相？云何住三昧？

如是发问已，牟尼诸法王，

告持金刚慧，一心应谛听：

最胜真言道，出生大乘果，

汝今请问我，为大有情说。

染彼众生界，以法界之味，

古佛所宣说，是名为色义。

先安布内色，非安布外色，

洁白最为初，赤色为第二，

如是黄及青，渐次而彰著，

一切内深玄，是谓色先后。

建立门标帜，量同中胎藏，

厢卫亦如是，华台十六节，

应知彼初门，与内坛齐等，

智者于外院，渐次而增加，

于彼厢卫中，当建大护者。

略说三摩地，一心住于缘，

广义复殊异，大众生谛听：

佛说一切空，正觉之等持，

三昧证知心，非从异缘得，

彼如是境界，一切如来定，

故说为大空，圆满萨婆若②。

尔时③，毗卢遮那世尊与一切诸佛同共集会，各各宣说一切声闻、缘觉、菩萨三昧道，时佛入于一切如来一体速疾力三昧。于是，世尊复告执金刚菩萨言：

我昔坐道场，降伏于四魔，

以大勤勇声，除众生怖畏。

是时梵天等，心喜共称说，

由此诸世间，号名大勤勇。

我觉本不生，出过语言道，

诸过得解脱，远离于因缘。

知空等虚空，如实相智生，

已离一切暗，第一实无垢，

诸趣唯想名，佛相亦复然，

此第一实际，以加持力故，

为度于世间，而以文字说。

尔时，执金刚具德者得未曾有开敷眼，顶礼一切智而说偈言：

诸佛甚希有，权智不思议，

离一切戏论，法 ④ 佛自然智，

而为世间说，满足众希愿。

真言相如是，常依于二谛，

若有诸众生，知此法教者，

世人应供养，犹如敬制底。

时执金刚说此偈已，谛观毗卢遮那目不暂瞬，默然而住。于是，世尊复告执金刚秘密主言：复次，秘密主，一生补处菩萨住佛地三昧道，离于造作，知世间相，住于业地，坚住佛地。

复次，秘密主，八地自在菩萨三昧道，不得一切诸法，离于有生，知一切幻化，是故世称观自在者。

复次，秘密主，声闻众住有缘地，识生灭，除二边，极观察智，得不随顺修行因，是名声闻三昧道。

秘密主，缘觉观察因果，住无言说法，不转无言说，于一切法证极灭语言三昧，是名缘觉三昧道。

秘密主，世间因果及业，若生若灭，系属他主，空三昧生，是名世间三昧道。

尔时，世尊而说偈言：

秘密主当知，此等三昧道，

若住⑤佛世尊，菩萨救世者，

缘觉声闻说，摧害于诸过。

若诸天世间，真言法教道，

如是勤勇者，为利众生故。

注释

① **护摩**：梵文 homah 的音译，亦译护魔、呼么、户摩等，意即焚烧，以炉中焚烧供物来供养圣尊的一种供养法，称为火供养法，略作火供养、火供、火法等。《疏》说："护摩义者谓以慧火烧烦恼薪，令尽无余之义也。"（卷二十）《尊圣轨》卷下说"护摩义者，此方为火天，火能烧草木卉林无有余者。天者，智也，智火能烧一切无明株杌无不尽烧。"护摩有内护摩、外护摩之

别，或以出世间护摩为内，世间护摩为外，或以观内心为内护摩，以事相作法为外护摩。按举行护摩仪式的目的，有息灾、增益、召请、降伏诸种。

②本段之后，原有卷尾经题及标明卷数之诸字，今略去。

③"尔时"之前，原有第二卷之经题、卷数、帙号、译者、品名等文字，今均略去。

④"法"，校本作"诸"，《大正藏》校宫之外诸本均作"法"，今按《疏》文等，仍从底本。

⑤"住"，《大正藏》校宋、元、明、宫，《中华藏》校资、碛、普、南、径、清作"在"，今按校本及《疏》文，仍从底本。

译文

大日如来这样说罢漫荼罗圣位之后，执金刚秘密主在大会之中，双眼注视大日世尊一动不动，然后说偈颂：

一切智慧大日尊，出现于世说妙法，
犹如灵瑞优昙花，偶尔之时才开放，
秘密真言所行道，比那昙花更难遇。
无量时间众有情，三业所作之罪业，

如能见此漫荼罗，消灭殆尽无所剩，

何况无量福德人，亲住密乘行此法。

行者修此无上法，真言妙法如救世，

止断净除诸恶趣，一切之苦自不生，

如修如是秘密法，具备妙慧无所动。

这时候所有来集会的大众及一切执金刚，都以同声叹赞金刚手说：

很好很好金刚手，你已修行真言行，

能问一切真言义，也使我们识此法。

一切都为你证知，依住真言之行力，

所有发心菩萨众，都可通达真言法。

大众赞叹之后，执金刚秘密主又问佛：

图画彩色是何义？何处图画为先后？

何色前来何色后？门标旗量及厢卫，

诸门建立之度量，请佛一一而开示。

食物香花众宝瓶，如何供奉诸圣尊？

怎样引召诸弟子，进入坛场而灌顶？

上师如何而供养？护摩之法亦讲演。

真言字义如何识？三昧观想如何住？

如是问罢待回答，大日世尊依次说：

一心谛听金刚手，最胜妙法真言道，

无上智慧从此得，如今你能问于我，

当为有情大众说，不可思议法界色。

染彼众生烦恼心，终成同一菩提色，

过去诸佛如是说，此即彩色之含义。

先内后外安布色，洁白最初大日色，

赤色第二宝幢色，黄色第三开敷色，

无量寿色青第四，鼓音如来黑第五，

各色各含不同义，先后之色依次用。

竖立幢旗门标帜，其量如同中胎藏，

各院通门厢卫处，亦同花台十六节，

应知初门之度量，要与内坛齐等之，

真言行者与外院，其量相应渐增加，

而其厢卫之中间，应当建立二大护。

其次略说三摩地，专注一心不散动，

而其广义又殊异，有情众生仔细听：

佛说一切自性空，无相无境无可得，

持住如是一法界，即是正觉之三昧，

如来三昧证知心，非从异缘异境得，

所以名为大空定，一切智智得圆满。

说到这里，毗卢遮那世尊与一切诸佛又共同集会，各各宣说各自的三昧道，或者声闻三昧、或者缘觉三昧、或者菩萨三昧道，然后大日世尊又入于一切如来一体速疾力三昧，以显示于此证知一切如来皆同一法界智体，各各三昧都可成就无量众生。之后，佛继续告诉执金刚说：

我在昔日坐道场，以此三昧降四魔，

以我勤勇之大声，消除众生之怖畏。

是时梵天八部众，心喜称欢顶戴礼，

由此诸天诸世间，有号称之大勤勇。

然而我觉本不生，出过语言思维道，

一切妄想诸分别，实知自心即解脱。

因缘生灭不可得，净如虚空不变易，

本来不生即空义，心之实相遍一切，

自心自证最实际，如是即离一切暗，

所观境缘及佛相，亦自不生唯假名，

第一实际是自心，因为加持之力故，

又因度脱诸众生，而以文字方便说。

听佛演说住三昧定的道理，执金刚秘密主大开眼界，得未曾有过的开敷眼，即顶礼一切智大日世尊而又说偈：

一切诸佛真希有，权智二者不思议，

法性佛之自然智，远离一切诸戏论，

为了满足众生愿，而为世间权宜说。

真言名相与实际，亦从胜义俗谛看，

若有世间诸众生，知道此中法教者，

当受世间之供养，如同恭敬舍利塔。

具德执金刚说罢此偈，注视毗卢遮那目不暂瞬，默然而住。于是，大日世尊又告诉金刚手说：秘密主，一生补处菩萨住佛地三昧道，远离于从缘所生法中引出来的所有大小粗细差别的错误思想，知道世间终究不异于涅槃的实际，知道世间起灭变化的因缘事相，所以能念念进趣，学如来金刚事业而得善巧，坚住于佛地。

又，秘密主，八地自在菩萨，以所住三昧道中，从初发心以来，深入观察十缘生句，于此得度性空彼岸。又以如幻三昧遍学超度法，随种种不同之众生而现不同之身，说不同之法，故世间从其外迹称之为观世自在菩萨。

秘密主，声闻菩萨住于有缘地，认识到世间、出世间都有因有缘，世间以集为因，以苦为果，出世间以道为因，以灭为果。因为知道因缘生灭的道理，所以能远离有、无，常、断等片面错误的思想，得生真谛智慧，避免颠倒谬误，而得到不再轮回转世的道理，所以，称它为声闻三昧道。

秘密主，缘觉菩萨能观察因果，分析推断十二因缘，知道一切因缘聚集的事物和现象都终归于灭法，有佛无佛，法位常住，所以能住于无言说法，知最究竟之处是无法以语言文字去表达的，无法说出来传授给人的。他们看什么东西都是涅槃相，对于世界的种种事情和现象都是没有什么可说的，这就证得了极灭语言三昧，由此称之为缘觉三昧道。

秘密主，世间众生不知道因果规律及善恶业道，把生灭等现象都归之于神我等异己的超人的东西，由此坐禅入定去体会所谓的神我，视其他为空无所有，这就是世间三昧道。

世尊又以偈说：

应当知道秘密主，于此所说三昧中，

诸佛所说三昧道，诸菩萨说三昧道，

缘觉声闻三昧道，名出世间三昧道，

若能住此有实益，消灭种种之谬误。

诸天所说三昧道，以及世间之真言，

若能住此有权益，只为利益众生故。

原典

复次，世尊告执金刚秘密主言：秘密主，汝当谛听诸真言相。金刚手言：唯染，世尊，愿乐欲闻。

尔时，世尊复说颂言：

正等觉真言，言名成立相，

如因陀罗宗，诸义利成就。

有增加法句，本名行相应，

若唵①字斜②字，及与发③磔迦，

或颉唎④媲⑤等，是佛顶名号。

若揭㗚很拏⑥，佉陀耶⑦畔阇⑧

诃娜⑨摩啰也⑩，钵咤也⑪等类，

是奉教使者，诸忿怒真言。

若有纳么⑫字，及莎缚诃⑬等，

是修三摩地，寂行者标相。

若有扇多⑭字，微戍陀⑮字等，

当知能满足，一切所希愿。

此正觉佛子，救世者真言，

若声闻所说，一一句安布，

是中辟支佛，复有少差别，

谓三昧分异，净除于业生。

复次，秘密主，此真言相非一切诸佛所作，不令他作，亦不随喜。何以故？以是诸法法如是故。若诸如来出现，若诸如来不出⑯，诸法法尔如是住，谓诸真言，真言法尔故。

秘密主，成等正觉，一切智者，一切见者，出兴于世，而自此法说种种道，随种种乐欲，种种诸众生心，以种种句、种种文、种种随方语言、种种诸趣音声，而以加持说真言道。

秘密主，云何如来真言道？谓加持此书写文字。秘密主，如来无量百千俱胝那庾多劫积集修行真实谛语、四圣谛、四念处、四神足、十如来力、六波罗蜜、七菩提宝、四梵住、十八佛不共法。秘密主，以要言之，诸如来一切智智，一切如来自福智力、自愿智力、一切法界加持力，随顺众生，如其种类开示真言教法。

　　云何真言教法？

　　谓阿字门一切诸法本不生故[17]。

　　迦[18]字门一切诸法离作业故。

　　佉[19]字门一切诸法等虚空不可得故。

　　哦[20]字门一切诸法一切行不可得故。

　　伽[21]字门一切诸法一合[22]不可得故。

　　遮[23]字门一切诸法离一切迁变故。

　　车[24]字门一切诸法影像不可得故。

　　若[25]字门一切诸法生不可得故。

　　社[26]字门一切诸法战敌不可得故。

　　吒[27]字门一切诸法慢不可得故。

　　咤[28]字门一切诸法长养不可得故。

　　拏[29]字门一切诸法怨对不可得故。

　　荼[30]字门一切诸法执持不可得故。

　　多[31]字门一切诸法如如不可得。

　　他[32]字门一切诸法住处不可得故。

娜^㉝字门一切诸法施不可得故。

驮^㉞字门一切诸法法界不可得故。

波^㉟字门一切诸法第一义谛不可得故。

颇^㊱字门一切诸法不坚如聚沫故。

么^㊲字门一切诸法缚不可得故。

婆^㊳字门一切诸法一切有不可得故。

野^㊴字门一切诸法一切乘不可得故。

啰^㊵字门一切诸法离一切诸尘染故。

逻^㊶字门一切诸法一切相不可得故。

嚩^㊷字门一切诸法语言道断故。

奢^㊸字门一切诸法本性寂故。

沙^㊹字门一切诸法性钝^㊺故。

娑^㊻字门一切诸法一切谛不可得故。

诃^㊼字门一切诸法因不可得故。

秘密主，仰若拏么^㊽，于一切三昧自在，速能成办诸事，所为义利皆悉成就。

尔时，世尊而说偈言：

真言三昧门，圆满一切愿，

所谓诸如来，不可思议果。

具足众胜愿，真言决定义，

超越于三世，无垢同虚空。

住不思议心，起作诸事业，

到修行地者，授不思议果。

是第一真实，诸佛所开示，

若知此法教，当得诸悉地。

最胜真实声，真言真言相，

行者谛思维，当得不坏句。

注释

① 唵：梵文 oṁ 的音译，《守护国界主陀罗尼经》解释说："陀罗尼母所谓唵字，所以者何？三字和合为唵字故，谓婀（a）、乌（u）、莽（m），一婀字者，是菩提心义，是诸法门义，亦无二义，亦诸法果义，亦是性义，是自在义，犹如国王黑白善恶随心自在，又法身义。二乌字者，即报身义。三莽字者，是化身义。以合三字共为唵字，摄无边故，为一切陀罗尼首，与诸字义而作先导，即一切法所生之处，三世诸佛皆观此字而得菩提故，为陀罗尼母。"（卷九）此字也经常出现在陀罗尼真言末尾。《秘藏记》说此字有归命、供养、三身、警觉、摄伏五义。《理趣释》则说有三身、无见顶相、本不生、如来毫相功德四义。在此为佛顶名号。

② 𤙖：亦作"吽"，梵文 hūṁ 的音译，亦译呼吽、虎𤙖、乌𤙖等，《疏》说此字有空、无相、无愿三义

（卷九）。《理趣释》《秘藏记》说有菩提心义，或有拥护、自在能破、能满愿、大力、恐怖、等观欢喜等义，而空海《吽字义》则说千经万论、一切教义都包括在此一字之内。

③ **发**：梵文 pha 的音译，亦译叵、颇、葩，有聚沫之义。

④ **颉唎**：有摄召之义。

⑤ **媲**：梵文 bhi 的音译，有畏惧之义。

⑥ **揭嘌很拏**：有执取之义。

⑦ **佉陀耶**：梵文 khadaya 的音译，有食之义。

⑧ **畔阇**：梵文 bhaja 的音译，有破坏之义。

⑨ **诃娜**：梵文 haňa 的音译，有打之义。

⑩ **摩罗也**：梵文 malaya 的音译，有杀之义。

⑪ **钵咤也**：梵文 phaṭaya 的音译，有扑之义。

⑫ **纳么**：梵文 namaḥ 的音译，亦译喃么，归命、敬礼之义。

⑬ **莎缚诃**：梵文 svāhā 的音译，摄取义。

⑭ **扇多**：梵文 saṭa 的音译，寂义。

⑮ **微戍陀**：梵文 viśuddha 的音译，清净义。

⑯ "出"，《大正藏》校宋、元、明、宫，《中华藏》校资、碛、普、南、径、清作"生"，今按校本及《疏》文，仍从底本。

⑰阿字门及其以下所释，称为字门，或字门观，通常所见的有二十四字门、五十字门，即是对每个梵文字母所含之宗教的和哲学的意义所作的解释。字门还用以观想及观察思考，称为字门观。对字门显密经纶都有解释。如《华严经·入法界品》《涅槃经·文字品》《文殊师利所问经·字母品》《瑜伽金刚顶经释字母品》以及本经等，但各自的解释有差别。阿，梵文元音字母 a 的音译，《疏》解释说阿字有三义："谓不生气、空义、有义，如梵本阿字有本初声，若有本初则是因缘之法，故名为有。又阿者是无生义，若法揽因缘成，则自无有性，是故为空。又不生者即是一实境界，即是中道，故龙树云，因缘生法，亦空亦假亦中。又《大论》明萨婆若有三种名，一切智与二乘共，道种智与菩萨共，一切种智是佛不共法。此三智其实一心中得，为分别令人易解故，作三种名，即此阿字义也。"（卷七）

⑱迦：梵文不送气清音喉辅音字母 ka 的音译，亦译葛、羯、讫、揭等。

⑲佉：梵文送气清喉辅音字母 kha 的音译，亦译竭、渴、呿等。

⑳哦：梵文不送气浊喉辅音 ga 的音译，亦译誐、俄、我、伽、仰等。

㉑伽：梵文送气浊喉辅音 gha 的音译，亦译加、

诽、嘘、我等。

㉒ "合"，《大正藏》校宋、元、明、宫、甲、乙，《中华藏》校资、碛、普、南、径、清作"合相"，今按校本及《疏》文，仍从底本。

㉓ **遮**：梵文不送气清腭辅音 ca 的音译，亦译左、者、拶、赭等。

㉔ **车**：梵文送气清腭辅音 cha 的音译，亦译磋、瑳、擦、且等。

㉕ **若**：梵文不送气浊腭辅音 ja 的音译，亦译惹、诺、社、喏、阇等。

㉖ **社**：梵文送气浊腭辅音 jha 的音译，亦译鄹、嵯、膳等。

㉗ **吒**：梵文不送气清舌辅音 ṭa 的音译，亦译咤、唰、绔等。

㉘ **咤**：梵文送气清舌辅音 ṭha 的音译，亦译咤、吧、托、他等。长养，即生长、增长。

㉙ **拏**：梵文不送气浊舌辅音 ḍa 的音译，亦译荼、佗等。

㉚ **荼**：梵文送气浊舌辅音 ḍha 的音译，亦译搽、拿、那、曩等。

㉛ **多**：梵文不送气清齿辅音 ta 的音译，亦译怛、哆等。

㉜ **他**：梵文送气清齿辅音 tha 的音译，亦译佗、挞、塔等。

㉝ **娜**：梵文不送气浊齿辅音 da 的音译，亦译那、捺、陀、达等。

㉞ **驮**：梵文送气浊齿辅音 dha 的音译，亦译陀、娜、囡、但等。

㉟ **波**：梵文不送气清唇辅音 pa 的音译，亦译跛、簸、钵等。

㊱ **颇**：梵文送气清唇辅音 pha 的音译，亦译叵、发、葩等。

㊲ **么**：梵文不送气浊唇辅音 ba 的音译，亦译婆、末、拔等。

㊳ **婆**：梵文送气浊唇辅音 bha 的音译，亦译梵等。

㊴ **野**：梵文脯音半元音 ya 的音译，亦译也、耶、夜等。

㊵ **啰**：梵文舌音半元音 ra 的音译，亦译罗、嗽等。

㊶ **逻**：梵文齿音半元音 la 的音译，亦译攞、罗、砢、拉等。

㊷ **嚩**：梵文唇音半元音 va 的音译，亦译缚、婆、和等。

㊸ **奢**：梵文嘶音śa 的音译，亦译舍、赊、设、沙等。

㊹ **沙**：梵文嘶音 ṣa 的音译，亦译洒、杀、刹、刷等。

㊺"钝",《大正藏》校元、明、宫,《中华藏》校资、碛、普、南、径、清作"纯",今按校本及《疏》文并文义,仍从底本。

㊻**娑**:梵文咝音 sa 的音译,亦译萨、縒等。

㊼**诃**:梵文喉摩擦音 ha 的音译,亦译呵、贺、歌等。

㊽**仰若拏么**:分别为梵文喉、腭、舌、齿、唇、鼻辅音 ṅa, ña, ṇa, na, ma 的音译。

译文

毗卢遮那佛又告诉执金刚秘密主说:秘密主,请你仔细听,现在给你们说真言相及其意义。金刚手说:是,非常愿意听,世尊。

于是,世尊又说偈道:

如来正等觉真言,一一字门其构成,

犹如帝释造声论,一字具含一切义。

真言字句增或减,部类性用义相应,

如唵字斜字发字,磔迦字与颉唎字,

以及媲字等真言,佛顶名号属佛部。

如有揭㗚很拿字,佉陀那字畔阇字,

诃娜字摩啰也字,钵咤也字等真言,

当知是奉教使者,诸忿怒尊之真言。

降伏摄召是其用，纳么字莎缚诃字，
当知是修三摩地，寂静相应之真言。
扇多字微戍陀字，即是满足一切言。
佛部相应息灾义，以上所举诸真言，
诸佛菩萨真言相，声闻所说真言相，
一字一句皆陈述，字义无缺成真言，
辟支佛说之真言，神通之力来现出，
三昧转深能利物，十二因缘除业生。

佛接着说：秘密主，此真言相并不是一切诸佛造作出来的，也不是可以造作的，更不是随意变化的。为什么呢？因为它本来就如此，法住法位，性相常恒。所以如来出现于世，或不出现于世，或如来已经说了，或现在说、未来说，它都是那个样子，它的存在是永恒不变的。漫荼罗中的一切真言，一一真言之相，也是如此恒常超越。

秘密主，如来成正等觉，遍知一切，遍观一切，是自证自觉，自知自见，并不是自作自造，也不是他人所传授。但众生不知道这个道理，所以如来出现于世，以此之法说种种途径和方法，随种种不同的性情好恶，种种不同的心理和思想，以种种语言文字，方言俗语，以种种不同的声音，自在加持，说真言之道，虽然此中用了不同的方法，说法也不一样，但并不是佛自所造作，是为开悟众生，让众生明白即俗而真的道理而加持方便说的。

秘密主，什么是如来真言道呢？就是佛以真言的真实意义来加持世间书写之文字语言的实义，因为即以加持，除实相之外，再已不是世间文字语言了，也就是说已经同世间文字语言有所区别了。秘密主，然而如来以何法加持的呢？以如来在无量百千俱胝那庾多劫时间中所集聚的功德，作一切处普遍加持，一一真言字句中，含有一切意义，一一聚集功德即同真言之相。如以阿字本不生一字一实谛，即知一切真言字句本不生之义。又如如来以一字包括一切一法门，二字包括止观、定慧等二法门，以四字含摄四圣谛、四念处、四神足、四梵住等种种四法门，以六字含摄六度等六法门，以七字含摄七菩提分的种种七法门，以十字含摄十如来力、十八佛不共法等种种十法门。秘密主，用一句话来概括，就是诸如来以一切智智，以所集无边福德，发生无尽大愿之力，以法界本性加持之力，随顺世间种种性类而作加持，所以对于一切众生种种身语意，都可开示真言教法。

那么什么叫真言教法呢？

真言教法也就是阿字门等真言教相，其中阿字就是一切法教之本，众声众字之母，亦是万法之本，含有本不生之义。

迦字门含有一切事物和现象都没有被造作之义。

佉字门含有一切事物和现象像虚空一样毕竟清净，这样的认识也不可有。

哦字门即是一切事物和现象进行任何来去、进退等运动的认识不可有。

伽字门即是一切事物和现象和合成而成的认识不能有。

遮字门即是一切事物和现象有变化的认识不能有。

车字门即是一切事物和现象有影像的认识不能有。

若字门即是一切事物和现象有生成的认识不能有。

社字门即是一切事物和现象有战敌的认识不能有。

咤字门即是一切事物和现象有优劣高低差别的认识不可有。

咤字门即是一切事物和现象增长发展的认识不可有。

拏字门即是一切事物和现象有对立面的认识不能有。

荼字门即是事物和现象被其他力量所控制支配的认识不能有。

多字门即是一切事物和现象有解脱之事的认识不能有。

他字门即是一切事物和现象有依靠止住之处的认识不能有。

娜字门即是一切事物和现象有舍弃、离散的认识不能有。

驮字门即是一切事物和现象有载体的认识不能有。

波字门即是一切事物和现象有真实第一义的认识不能有。

颇字门即是一切事物和现象有坚实固定性质的认识不能有。

么字门即是一切事物和现象有烦恼等系缚的认识不能有。

婆字门即是一切事物和现象有因缘有相状的认识不能有。

野字门即是一切事物和现象有进趣之道路门径的认识不能有。

啰字门即是一切事物和现象有见闻、触知等尘垢染污的感觉认识的想法不能有。

逻字门即是一切事物和现象有一定的形相表现的认识不能有。

嚩字门即是一切事物和现象能以语言概念表达的认识不能有。

奢字门即是一切事物和现象本性常寂的认识不

能有。

沙字门即是一切事物和现象有无触受感觉、有愚痴等现象的认识不能有。

娑字门即是一切事物和现象有真假实妄的认识不能有。

诃字门即是一切事物和现象有原因的认识不能有。

秘密主，仰、若、拏、那、么五字具有大空之义，在一切三昧字门中都可以加入，有自在之用，构成种种新的含义，成办一切智事。

这时，世尊又说偈道：

此真言道三昧门，众生如能勤观修，

一切心愿皆圆满，圆满之时即可得。

如来不可思议果，真言字声真实义，

具足种种之功德，超越三世净无垢。

若住不思议心地，能作一切漫荼罗，

修至净菩提心门，佛当授不思议果。

是中第一真实义，佛之知见所开示，

若明法教中次第，一切悉地均成就。

最胜真实语密声，真言实义真言字，

行者若能善思维，当住金刚体性台。

尔时，执金刚秘密主白佛言：希有！世尊，佛说不思议真言相道法，不共一切声闻缘觉，亦非[1]普为一切众生。若信此真言道者，诸功德法皆当满足。唯愿世尊次说漫荼罗所须次第。

如是说已，世尊复告金刚手而说偈言：

持真言行者，供养诸圣尊，

当奉悦意花，洁白黄朱色。

钵头摩青莲，龙花奔那伽，

计萨啰末利，得蘗蓝瞻卜，

无忧底罗剑，钵咤罗娑罗[2]，

是等鲜妙花，吉祥众所乐，

采集以为鬘，敬心而供养。

栴檀及青木，苜蓿香郁金，

及余妙涂香，尽持以奉献。

沈水及松香，嚩嚂与龙脑，

白檀胶香等，失利婆塞迦[3]，

及余焚香类，芬馥世称美，

应当随法教，而奉于圣尊。

复次大众生，依教献诸食，

奉乳糜酪饭，欢喜漫荼迦[4]，

百叶甘美饼，净妙沙糖饼，

布利迦间穴⑤，及末涂失啰⑥，

媲诺迦⑦无忧⑧，播钵咤⑨食等。

如是诸肴膳，种种珍妙果，

蹇茶与石蜜，糖蜜生熟酥，

种种诸浆饮，乳酪净牛味。

又奉诸灯烛，异类新净器，

盛满妙香油，布列为照明。

四方绘幡盖，种种色相间，

门标异形类，并悬以铃铎。

或以心⑩供养，一切皆作之，

持真言行者，存意勿遗忘。

次具迦罗奢⑪，或六或十八，

备足诸宝药，盛满众香水，

枝条上垂布，间插华果实，

涂香等严饰，结护而作净，

系颈以妙衣，瓶数或增广。

上首诸尊等，各各奉兼服，

诸余大有情，一一皆献之。

如是⑫修供养，次引应度者，

洒之以净水，授与涂香花。

令发菩提心，忆念诸如来，

一切皆当得，生于净佛家。

结法界生印，及与法轮印 ⑬，

金刚有情等，而用作加护。

次应当自结，诸佛三昧耶 ⑭，

三转加净衣，如真言法教，

而用覆其首，深起悲念心。

三诵三昧耶，顶戴以啰字，

严以大空点 ⑮，周匝开焰鬘，

字门生白光，流出如满月。

现对诸救世，而散于净华，

随其所至处，行人而尊奉。

漫荼罗初门，大龙厢卫处，

于二门中间，安立于学人，

住彼随法教，而作众事业。

如是令弟子，远离于诸过，

作寂然护摩，护摩依法住。

初自中胎藏，至第二之外，

于漫荼罗中，作无疑虑心。

如其自肘量，陷作光明坛，

四节为周界，中表金刚印。

师位之右方，护摩具支分，

学人住其左，蹲踞增敬心。

自敷吉祥草，藉地以安坐，

或布众彩色，彤辉极严丽，

一切缋事成，是略护摩处。

周匝布祥茅，端末⑯互相加，

右旋皆广厚，遍洒以香水，

思维火光尊，哀悯一切故，

应当持满器，而以供养之。

尔时善住者，当说是真语：

南么三曼多勃驮喃，吧揭娜曳⑰，莎诃！

复以三昧手⑱，次持诸弟子，

慧手⑲大空指⑳，略奉持护摩，

每献辄诚诵，各别至三七。

当住慈悯心，作法真实语：

南么三曼多勃驮喃，阿摩诃扇底蘖多，扇底羯啰，钵啰睒摩达磨俪若多，阿婆嚩，萨嚩婆嚩达么，娑么多钵啰钵多㉑，莎诃！

行者护摩竟，应教令亲施，

金银众珍宝，象马及车乘，

牛羊上衣服，或复余资财。

弟子当至诚，恭敬起殷重，

深心自忻庆，而奉于所尊，

以修行净舍，令彼欢喜故。

已为作加护，应召而告言：

今此胜福田，一切佛所说，

为欲广饶益，一切诸有情，

奉施一切僧，当获于大果。

无尽大资财，世说常随生，

以供养僧者，施具德之人，

是故世尊说，应当发欢喜，

随力办肴膳，而施现前僧。

注释

①"非"字之后，原有"世尊"二字，《大正藏》校宋、元、明、宫、甲、乙有"世尊"二字，今按校本及《疏》文知为衍文，删去。

②以上音译均为印度产花名，分别为奔那伽花（龙树花）、计萨啰花、末利花、得蘖蓝花、瞻卜花、无忧花、底罗剑花、钵咤罗花、娑罗树花。

③ **失利婆塞迦**：印度出产的一种薰香名称。

④ **漫荼迦**：一种薄饼的名称。

⑤"穴"，原作"究"，校本同，《大正藏》校宫、甲、乙、丙、丁作"穴"，今按此及《疏》文，改正。布利迦间穴，即布利迦饼和间穴饼的名称。

⑥ **末涂失啰**：饼名。

⑦ **媲诺迦**：饼名。

⑧ **无忧**：一种沙糖饼名。

⑨ **播钵吒**：一种不用起面之馂馅食物。

⑩ "心"，原作"意"，《大正藏》校甲、乙作"意"，《中华藏》校资、碛、普、南、径、清作"心"，今按校本及《疏》文，改正。

⑪ **迦罗奢**：梵文 Kalaśaḥ 的音译，意译贤瓶、宝瓶、吉祥瓶等。

⑫ "是"，原作"上"，《大正藏》校宋、元、明作"上"，今按校本及《疏》文，改正。

⑬ **法界生印，及与法轮印**：法界生印，即两手先作金刚拳，二大指入于掌中，二头指竖立，指端相拄。有法界清净义。亦称火轮印、智火印。法轮印，亦称转法轮印、法轮金刚智印。二手外缚，二大指竖合，二小指交叉竖立。法轮印，有如来教法能摧破烦恼惑障之义。

⑭ 三昧耶，诸佛各部均不同。

⑮ **大空点**：指在所观之字上置一点。

⑯ "末"，原作"坐"，《大正藏》校元、明、宫、甲、乙、丙、丁，《中华藏》校碛、普、径、清作"末"，今按此及《疏》文，改正。

⑰ **噁揭娜曳**：梵文 agnaye 的音译，火天名。

⑱ **三昧手**：即右手。

⑲ **慧手**：即左手。

⑳ **空指**：即大拇指。

㉑ 此真言称寂灾真言或息灾真言。阿摩诃扇底蘖多，梵文 āḥ mahāśantigata 的音译，大寂逝义。扇底羯啰，梵文 śantikara 的音译，作寂义。钵啰睒摩达磨俪若多，梵文 prasama-dharmanirajāta 的音译，最胜证寂法生义。阿婆嚩，梵文 abhava 的音译，无自性义。萨嚩婆嚩达么，梵文 sarvabhāvadharma 的音译，一切自性义。娑么多啰钵多，梵文 samanta prāpta 的音译，获得普遍平等义。

译文

世尊说罢真言相，执金刚秘密主赞叹道：真是稀奇啊！世尊，佛所说不思议真言相道法，一切声闻缘觉是不知道的，也不是可以给一切众生开示的。若能修行此真言道达到圆满之时，一切功德法自然就能得到满足。世尊，现在请您为我们开示漫荼罗所须的供养法。

这样说罢之后，世尊又以偈颂告诉金刚手说：

修持真言之行者，恭敬供养诸圣尊，

应当奉持悦意花，佛部供献洁白花，

莲花部供黄色花，金刚部供赤色花。
花种诸如钵头摩，红白青等水莲花，
本那伽即龙树花，计萨啰花末利花，
得蘗蓝花瞻卜花，钵咤罗花娑罗花，
底罗剑花无忧花，是等新鲜美丽花，
以及世间吉祥花，采集为鬘敬心供。
涂香诸如栴檀木，青木苜蓿郁金香，
以及其他诸涂香，敬心奉持以供献。
焚香诸如沉水香，松香嚖嗑及龙脑，
白檀香与白胶香，以及失利婆塞迦，
其他妙香亦可用，但要芬馥世称美，
各花各香随法教，部类相应奉圣尊。
其次真言之行者，依教次第献诸食，
奉献乳糜和酪饭，漫茶迦饼欢喜丸，
糖苏百叶甘美饼，净妙塞茶沙糖饼，
布利迦饼间穴饼，以及未涂失啰饼，
媲诺迦饼无忧饼，播钵咤食等美食。
亦供种种真妙果，白糖石蜜糖酥蜜，
以及种种诸浆饮，净牛乳酪亦供献。
再次又奉诸灯烛，使用种种新净器，
盛满净妙之香油，依次陈列为照明。
四方各竖缯幡盖，种种彩色互相间，

门标各作不同形，并可悬挂以铃铎。
或者观念心供养，运心遍及一切处，
修持真言之行者，如此供物记勿忘。
然后具备吉祥瓶，其数或六或十八，
五宝五药和五谷，以及香水盛满瓶，
上插枝条垂彩布，间可插以花果实，
并要涂香等装饰，真言结护而作净，
瓶颈系之以妙衣，瓶数亦可增之广。
漫荼罗中上首尊，还须奉献所被服，
其余诸尊大有情，并可一一皆献之。
说罢供养法，世尊又说加持教授弟子法：
如上一一供养后，次引应度诸弟子，
其身先要洒净水，并且授予涂香花。
其次令发菩提心，心中忆念诸如来，
劝慰一切皆当得，并将生于净佛家。
次结法界生之印，亦结转大法轮印，
金刚有情诸真言，诵持用来作加护。
此后又应当自结，一切如来三昧耶，
依照真言之法教，观想三转加净衣，
而用净衣覆其首，以使深起悲念心。
如次三诵三昧耶，观想顶戴以啰字，
啰字严之大空点，周匝放光开焰鬘，

字门生出洁白光，流遍世界如满月。

其次现对诸救世，周身遍洒净妙花，

随其散花所至处，真言行人而尊奉。

大悲漫荼罗初门，二龙所护厢卫处，

二门所在之中间，安立引导之学人，

住在彼处随法教，依次而作众事业。

如是安立弟子后，须要远离诸过失，

当作寂然之护摩，护摩之法依次住。

最初始于中胎藏，次至第二之外院，

即于漫荼罗之中，安住于无疑虑心。

如其自己之肘量，陷地而作光明坛，

四节为量作周界，最中表以金刚印。

师位所在之右方，护摩所用之支具，

应度学人住其左，蹲踞以便增敬心。

自己敷以吉祥草，就此席地以安坐，

坛中或布众彩色，众彩彤辉极严丽，

周匝铺以吉祥茅，末端相互以加迭，

右旋相加皆广厚，其上遍洒以香水，

心中思维火光尊，哀悯一切众生故，

当以种种供养物，盛满诸器奉献之。

此时善住之行人，持诵火光之真言：

南么三曼多勃驮喃，噁揭娜曳，莎诃！

复以右之三昧手，持住应度诸弟子，

左之慧手拇空指，奉持护摩如是略，

每献供物辄诚诵，各别至于三七遍。

又次常住慈悯心，依法诵持真实语：

南么三曼多勃驮喃，阿摩诃扇底蘖多，扇底羯啰，钵啰睒摩达磨俪若多，阿婆啊，萨嚩婆嚩达么，娑么多钵啰钵多，莎诃！

行者如是护摩竟，应教弟子亲施舍，

金银财物众珍宝，象马以及所乘车，

或者牛羊上衣服，以及其他珍稀物，

弟子当以至诚心，恭恭敬敬起殷重，

深深以心自欣庆，施礼奉献于所尊，

以此修行净施舍，以令诸尊欢喜故。

如是已为作加护，应召弟子而告言：

今此护摩胜福田，一切如来之所说，

为欲广大之饶益，一切众生诸有情，

供奉施舍一切僧，当可获得大妙果。

无尽所属大资财，世间常说随己生，

而以供养于三宝，或施具德善知识，

是故世尊常教导，应当发于欢喜心，

随其自力办肴膳，供施现前之僧宝。

尔时，毗卢遮那世尊复告执金刚秘密主而说偈言：

汝摩诃萨埵，一心应谛听，

当广说灌顶，古佛所开示。

师作第二坛，对中漫荼罗，

图画于外界，相距二肘量，

四方正均等，内向开一门。

安四执金刚，居其四维外，

谓住无戏论，及虚空无垢，

无垢眼金刚，被杂色衣等。

内心大莲华，八叶及须蕊，

于四方叶中，四伴侣菩萨，

由彼大有情，往昔愿力故。

云何名为四？谓总持自在，

念持利益心，悲者菩萨等。

所余诸四叶，作四奉教者，

杂色衣满愿，无间及解脱，

中央示法界，不可思议色，

四宝所成瓶，盛满众药宝，

普贤慈氏尊，及与除障盖，

除一切恶趣，而以作加持，

彼于灌顶时，当置妙莲上。

献于涂花香，灯明及阏伽^①，

上荫幢幡盖，奉摄意音乐，

吉庆伽他^②等，广多美妙言。

如是而供养，得令欢喜已。

亲对诸如来，而自灌其顶。

复当供养彼，妙善诸香花，

次应执金篦^③，在于彼前住。

慰喻令欢喜，说如是伽他：

佛子佛为汝，决除无智膜，

犹如世医王，善用于金筹。

持真言行者，复当执明镜，

为显无相法，说是妙伽他：

诸法无形像，清净无垢浊，

无执离言说，但从因业起，

如是知此法，自性无染污，

为世无比利，汝从佛心生。

次当授法轮，置于二足间，

慧手传法螺，复说如是偈：

汝自于今日，转于救世轮，

其声普周遍，吹无上法螺，

勿生于异慧，当离疑悔心，

开示于世间，胜行真言道。

常作如是愿，宣唱佛恩德，

一切持金刚，皆当护念汝。

次当于弟子，而起悲念心，

行者应入中，示三昧耶偈：

佛子汝从今，不惜身命故，

常不应舍法，舍离菩提心，

悭悋一切法，不利众生行。

佛说三昧耶，汝善住戒者，

如护自身命，护戒亦如是，

应至诚恭敬，稽首圣尊足，

所作随教行，勿生疑虑心。

尔时，金刚手白佛言：世尊，若有诸善男子善女人，入此大悲藏生大漫荼罗王三昧耶者，彼获几所福德聚？

如是说已，佛告金刚手言：秘密主，从初发心乃至成如来所有福德聚，是善男子善女人福德聚，与彼正等。秘密主，以此法门当如是知，彼善男子善女人从如来口生，佛心之子。若是善男子善女人所在方所，即为有佛，施作佛事。是故，秘密主，若乐于供养佛者，当供养此善男子善女人，若乐欲见佛，即当观彼。

时金刚手等上首执金刚，及普贤等上首诸菩萨同声说言：世尊，我等从今以后应当恭敬供养是善男子善女人。何以故？世尊，见彼④善男子善女人，同见佛世尊故。

注释

① **阏伽**：梵文 arghaḥ 的音译，即水、净水之义。用于供养或洗漱之水，称为阏伽水，盛装净水之器，称为阏伽器，如阏伽瓶、阏伽桶等。

② **伽他**：梵文 gāthā 的音译，亦译伽陀、偈陀等，意译偈颂、讽颂。是一种四字或五字组成一句，四句为一首的韵文体。

③ "篦"，原作"蓖"，《中华藏》校碛、普、南、径、清作"篦"，今按校本及《疏》文，改正。

④ "见彼"，原作"彼"，《大正藏》校宋、元、明、宫、甲、乙，《中华藏》校资、碛、普、南、径、清作"见彼"，今据此及上下文义，补入"见"字。

译文

说罢护摩法，毗卢遮那世尊又告诉执金刚秘密主如何作灌顶，于是以偈说：

摩诃萨埵金刚手，请你一心而谛听，
现在当说灌顶法，是法古佛曾开示。
上师又作第二坛，正中面对漫荼罗，
图画作于外界域，长宽相距二肘量，
四四方方正均等，向内一面开一门。
安置四大执金刚，居在坛场四维外，
住无戏论执金刚，虚空无垢执金刚，
及无垢眼执金刚，被杂色衣执金刚。
坛场内心大莲花，八叶以及花须蕊，
而于四方之叶中，安住四伴侣菩萨，
彼诸菩萨大有情，往昔曾发大誓愿。
伴侣菩萨何为四？即总持自在菩萨，
念持菩萨利益心，以及悲者菩萨等。
所余四维之四叶，安住于四奉教者，
是杂色衣和满愿，无碍以及解脱等，
中央噤字纯白色，即法界不思议色，
四角各置四宝瓶，瓶中盛满众宝药。
普贤菩萨慈氏尊，及与除盖障菩萨，
除一切恶趣菩萨，四尊真言各加持，
引召弟子灌顶时，将其置于妙莲上。
奉献涂香及鲜花，灯明以及阏迦瓶，
其上荫以幢幡盖，奉摄悦意金刚乐，

吉庆伽陀偈颂言，多以美言来诵咏。
如上种种之供养，使其欢喜心悦己，
正面亲对诸如来，自把四瓶灌其顶。
其次又要作供养，美丽鲜艳诸香花，
此后应当持金篦，在于弟子之前往。
好言慰喻令欢喜，即说如是伽他偈：
佛子如来全为你，决除一切无智膜，
犹如世间之医王，极善妙用以金筹。
修持真言之行者，其次又当执明镜，
为了显现无相法，即说如是伽他颂：
诸法本来无形像，清净澄澈无垢浊，
无有执着离言说，一切从是因业起，
如是知道此法教，即是自性无染污，
为了众生无比利，佛心子从心佛生。
其次又当授法轮，置于学人二足间，
师以慧手传法螺，又说如是伽他偈：
你自从今日之后，即可转于救世轮，
亦吹无上大法螺，音声遍于诸世界，
于此勿生诸妄想，应当远离疑悔心，
为了世间诸有情，开示胜行真言道。
经常要作如是愿，宣唱流布佛恩德，
如此一切执金刚，都来共同护念你。

次后应当于弟子，心中生起悲念心，

行者应入于其中，又开示三昧耶偈：

佛子你从今以后，不惜自己之身命，

从不舍弃佛教法，亦不舍离菩提心，

悭悋正法不开示，即是不利众生行。

以你善住三昧耶，对于佛说三昧耶，

如同保护己身命，护戒不失半毫厘，

应当至诚于恭敬，稽首一切圣尊足，

如是所作随教行，勿要生于疑虑心。

这时候，执金刚秘密主向佛说：世尊，如果男女持修者，入此大悲藏生大漫荼罗王三昧耶，能获得多少福德？

佛告诉金刚手说：秘密主，可以获得从初发心直到成为如来的所有福德，是善男子、善女人聚集所有的福德，与佛相等。秘密主，应当知道在秘密法门中，此善良男子、善女人是从如来出生，是佛心之子，如此善男子、善女人所在处所，也就是佛所处之处所，应当施作佛事。所以，秘密主，要是喜欢供养佛，就供养此善男子、善女人，如果想见到佛，就去见此善男子、善女人。

这时，以金刚手为首的上首执金刚，以普贤菩萨为首的诸大菩萨，共声说道：世尊，我们从今以后应当恭敬供养此善男子、善女人。为什么呢？因为见了此善男子、善女人，就是见了佛世尊。

原典

尔时，毗卢遮那世尊复观一切众会，告执金刚秘密主等诸持金刚者及大众言：善男子，有如来出世无量广长语轮相，如巧色摩尼能满一切愿，积集无量福德，住不可害行三世无比力真言句。

如是说已，金刚手秘密主等诸执金刚及大会众同声说言：世尊，今正是时，善逝，今正是时。

尔时，毗卢遮那世尊住于满一切愿广长舌相，遍覆一切佛刹清净法幢高峰观三昧，时佛从定起。尔时，发遍一切如来法界哀悯无余众生界声，说此大力大护明妃曰：

南么萨婆怛他蘖帝弊，萨婆佩野微蘖帝弊，微湿嚩目契弊，萨婆他，晗，啰吃沙摩诃沫丽，萨婆怛他蘖多，奔昵也阇帝，吽吽！怛啰磔怛啰磔，阿钵啰底诃谛[1]，莎诃！

时一切如来及佛子众说此明已，即时普遍佛刹六种震动，一切菩萨得未曾有开敷眼，于诸佛前以悦意言音而说偈言：

诸佛甚奇[2]特，说此大力护，

一切佛护持，城池皆固密。

由彼护心住，所有为障者，

毗那夜迦等，恶形诸罗刹，

一切皆退散，念真言力故。

时薄伽梵广③大法界加持，即于是时，住法界胎藏三昧，从此定起，说入佛三昧耶持明曰：

南么三曼多勃驮喃，阿三迷④，咀𪘏三迷⑤，三么曳⑥，莎诃！

即于尔时，于一切佛刹、一切菩萨众会之中说此入三昧耶明已，诸佛子等同闻是者，于一切法而不违越。时薄伽梵复说法界生真言曰：

南么三曼多勃驮喃，达摩驮睹，萨啊婆缚句痕⑦。

金刚萨埵加持真言曰：

南么三曼多伐折啰赦⑧，伐折啰吧么句痕⑨。

金刚铠真言曰：

南么三曼多伐折罗赭，伐折罗迦嚩遮⑩，吽！

如来眼又观真言曰：

南么三曼多勃驮喃，怛他揭多研吃刍⑪，尾也嚩路迦也⑫，莎诃！

涂香真言曰：

南么三曼多勃驮喃，微输驮健杜纳婆嚩⑬，莎诃！

花真言曰：

南么三曼多勃驮喃，摩诃妹呾囄也[14]，毗庚蘖帝[15]，莎诃！

烧香真言曰：

南么三曼多勃驮喃，达摩驮睹弩蘖帝[16]，莎诃！

饮食真言曰：

南么三曼多勃驮喃，阿啰啰[17]，迦啰啰[18]，沫邻捺娜弭[19]，沫邻捺泥[20]，摩诃沫囄[21]，莎诃！

灯真言曰：

南么三曼多勃驮喃，怛他揭多喇旨[22]，萨叵啰伫嘴婆娑娜[23]，伽伽猛陀哩耶[24]，莎诃！

阏伽真言曰：

南么三曼多勃驮喃，伽伽娜三么三摩[25]，莎诃！

如来顶相真言曰：

南么三曼多勃驮喃，伽伽娜难多萨发啰伫[26]，微输驮达摩俪阇多[27]，莎诃！

如来甲真言曰：

南么三曼多勃驮喃，伐折啰入嘴啰[28]，微萨普啰[29]，吽！

如来圆光真言：

南么三曼多勃驮喃，入嘴啰摩履俪[30]，怛他蘖多喋旨[31]，莎诃！

又说如来舌相真言：

南么三曼多勃驮喃，摩诃摩诃，怛他蘖多尔诃
嚩㉜，萨底也㉝达摩钵啰底瑟耻多㉞，莎诃！

注释

①大力大护真言，亦称无堪忍大护真言。南么萨
婆怛他蘖帝弊，梵文 namaḥ sarva-tathāgatebhyaḥ 的音
译，有归命一切如来之义。萨婆佩野微蘖帝弊，梵文
sarva-bhaya vigatebhyaḥ，有除一切诸障恐怖之义。微湿
嚩目契弊，梵文 viśva mukhebhyaḥ 的音译，有种种巧度
门之义。萨婆他，梵文 sarvathā 的音译，有摄一切之义。
晗，梵文 ham kham 的音译，种子义。啰吃沙摩诃沫丽，
梵文 rākṣa mahābalc 的音译，有拥护大力之义。萨婆
怛他蘖多，奔昵也儞阇帝，梵文 sarvatathāgate puṇḍya
nirjat 的音译，有从一切如来德生义。吽吽，梵文 hū
ṁ hūṁ 的音译，作恐怖声。怛啰磔怛啰磔，梵文 trat trat
的音译，叱诃摄伏声。阿钵啰底诃谛，梵文 aprati hate
的音译，有无对无比力之义。

②"奇"，原作"希"，《中华藏》校资、碛、普、
南、径、清作"奇"，今按校本及《疏》文，改正。

③"广"，《大正藏》校宋、元、明，《中华藏》校
资、碛、普、南、径、清作"广及"，今按校本及《疏》

文，仍从底本。

④ 阿三迷：梵文 asame 的音译，有无等之义。

⑤ 咀嚧三迷：梵文 trisame 的音译，有三等之义。

⑥ 三么曳：梵文 samaye 的音译，有平等之义。

⑦ 达摩驮睹，萨嚩婆缚句痕：梵文 dharmadhātu svabhava koham 的音译，有我即法界生之义。

⑧ 南么三曼多伐折啰赦：梵文 namaḥ samantan vajrāṇām 的音译，有归命一切金刚之义。

⑨ 伐折啰咀么句痕：梵文 vajrātamākoham 的音译，有我即金刚之义。

⑩ 伐折罗迦嚩遮：梵文 vajrā kavaca 的音译，有金刚甲之义。

⑪ 怛他揭多斫吃刍：梵文 tathāgata cakṣu 的音译，即如来眼义。

⑫ 尾也嚩路迦也：梵文 vyavalokāya 的音译，即观义。

⑬ 微输驮健杜纳婆嚩：梵文 viśudha gandhodbhāva 的音译，有清净涂发生之义。

⑭ 摩诃妹嚩也：梵文 mahāmaitrya 的音译，有答慈之义。

⑮ 毗庾蘖帝：梵文 bhyudgataḥ 的音译，有发生之义。

⑯ 达摩驮睹弩蘖帝：梵文 dharm dhātva pugate 的音译，有遍至法界之义。

⑰ **阿啰啰**：梵文 arara 的音译，不喜闻声。

⑱ **迦啰啰**：梵文 karara 的音译，惧怕声。

⑲ **沫邻捺娜弭**：梵文 valim dodu mi 的音译，即我奉献饮食义。

⑳ **沫邻捺泥**：同前句，意即与我食。

㉑ **摩诃沫啊**：梵文 mahāvalih 的音译，意即大饮食。

㉒ **怛他揭多喇旨**：意为如来焰明。

㉓ **萨叵啰伫嚩婆娑娜**：意即普遍诸暗。

㉔ **伽伽猱陀哩耶**：意即无限量等虚空。

㉕ **伽伽娜三么三摩**：《疏》作伽伽那娑摩阿娑摩，伽伽娜（gagana），等虚空义；三么三摩（samāsama），无等等义。

㉖ **伽伽娜难多萨发啰伫**：梵文 gaganānta spharaṇa 的音译，为虚空无量普遍义。

㉗ **微输驮达摩儞阇多**：梵文 viśuddha dharma nirjjāta 的音译，有清净法生之义。

㉘ **入嚩啰**：梵文 jvala 的音译，即光明之义。

㉙ **微萨普啰**：梵文 viśphara 的音译，有普遍之义。

㉚ **入啊啰摩履儞**：梵文 jvalāmā-lini 的音译，光焰鬘义。

㉛ **怛他蘖多嘌旨**：梵文 tathāgatara 的音译，如来光明义。

㉜ **尔诃嚩**：梵文 jihva 的音译，舌义。

㉝ **萨底也**：梵文 satya 的音译，谛义。

㉞ **达摩钵啰底瑟耻多**：梵文 dharma-pratiṣṭhita 的音译，法成就之义。

译文

这时，毗卢遮那世尊又看了看所有的大会听众，然后告诉执金刚秘密主等诸持金刚，以及所有的会众说：善男子，有如来出世之无量广长语轮相，犹如巧色摩尼，能满足一切誓愿，能积集无量福德，于一切事业中都不可留难，不可破坏，这就是三世无比力真言句。

这样说罢，金刚手秘密主等诸执金刚及大会之众同声说道：世尊，现在正是说的时候，善逝，现在正是时候。

于是，毗卢遮那世尊以三昧神通之力，为满足一切誓愿，显现广长无边的舌相，覆盖于一切佛刹，一切清净法幢高峰。不久，佛从三昧定中起来，于时遍发一切如来法界哀悯无余众生界之声，说此大力大护明妃：

南么萨婆怛他蘗帝弊，萨婆佩野微蘗帝弊，微湿嚩目契弊，萨婆他，晗，啰吃沙摩诃沫丽，萨婆怛他蘗多，奔昵也俪阇帝，吽吽！怛啰磔怛嚩磔，阿钵啰底诃谛，莎诃！

时一切如来及佛子大众说罢此真言，即时所有佛刹世界六种震动，所有贪、瞋、痴、见、慢、疑六种根本烦恼彻底动摇。而一切菩萨金刚得以大开未曾有过的眼界，于是在诸佛前，以悦耳动听的声音一齐赞颂道：

诸佛说此大力护，奇特奇特真奇特，

十方诸佛共护持，城池坚固如金刚。

以此真言来护身，所有作障为难者，

毗那夜伽诸鬼王，以及恶行主罗刹，

一切障难皆退散，不能伤害于善根。

这时世尊以广大法界加持，住法界胎藏三昧，不久从此定起，说入佛三昧耶持明：

南么三曼多勃驮喃，阿三迷，咀嚩三迷，三么曳，莎诃！

即于此时，于一切佛刹、一切菩萨众会之中，同声说此三昧耶明，而诸佛子又同时间到后，于一切法而不违越。这时世尊又说法界生真言：

南么三曼多勃驮喃，达摩驮睹，萨嚩啰婆缚句痕。

又说金刚萨埵真言：

南么三曼多伐折啰赦，伐折啰咀么句痕。

又说金刚铠真言：

南么三曼多伐折罗赦，伐折罗迦嚩遮，吽！

又说如来眼又观真言：

南么三曼多勃驮喃，怛他揭多研吃刍，尾也嚩路迦也，莎诃！

又说涂香真言：

南么三曼多勃驮喃，微输驮健杜纳婆啰，莎诃！

又说花真言：

南么三曼多勃驮喃，摩诃妹呾曪也，毗庚蘖帝，莎诃！

又说烧香真言：

南么三曼多勃驮喃，达摩驮睹弩蘖帝，莎诃！

又说饮食真言：

南么三曼多勃驮喃，阿啰啰，迦啰啰，沫邻捺娜弭，沫邻捺泥，摩诃沫啰，莎诃！

又说灯真言：

南么三曼多勃驮喃，怛他揭多喇旨，萨叵啰伫嚩婆婆娜，伽伽獐陀哩耶，莎诃！

又说阏伽真言：

南么三曼多勃驮喃，伽伽娜三摩三摩，莎诃！

又说如来顶相真言：

南么三曼多勃驮喃，伽伽娜难多萨发啰伫，微输驮达摩儞阇多，莎诃！

又说如来甲真言：

南么三曼多勃驮喃，伐折啰入啊啰，微萨普啰，吽！

又说如来圆光真言：

南么三曼多勃驮喃，入嚩啰摩履俪，怛他蘖多喍旨，莎诃！

又说如来舌相真言：

南么三曼多勃驮喃，摩诃摩诃，怛他蘖多尔诃嚘，萨底也达摩钵啰底瑟耻多，莎诃！

源流

大日经的形成

关于《大日经》的形成，有种种不同的说法，但最直接最可靠的是崔牧在《大毗卢遮那成佛神变成加持经序》中的一段记载：

"昔北天竺国界内有一小国，号为勃噜罗。其国城北有大石山，壁立千云，悬崖万丈，于其半腹有藏秘法之窟，每年七月即有众圣集中。复有数千猿猴持经出晒，既当晴朗，仿佛见之，将升无阶，观似云雁"。属暴风忽至，乃吹一梵夹下来，时采樵人辄遂收得，睹此奇特，便即奉献于王，王既受之，得未曾有。至其日暮，有大猿来索此经，斯须未还，乃欲损身自害。善巧方便，殷情再三云，经夹即还，但欲求写。见王词恳，遂许通融云，且为向前受摄三日，即来却取。王乃分中缮写。及限却还。王唯太子相传其本，不流于外。近有中天大瑜伽阿阇梨远涉山河，寻求秘宝。时王睹阇梨有异，欣然传授，此经以其旨趣幽玄，卒难精核，乃与诸圣者简繁摘要，集为二千五百颂。"

崔牧此序作于开元十六年（公元七二八年），所记载的是当时的传说，而此传说即使不是善无畏亲口所说，但写入经序，至少也说明得到善无畏的认可，所以这一传说对研究《大日经》的形成所具有的价值，是不容忽视的。

这一传说当然带有神话色彩，但除去神话部分，却道出了真实存在的具体地点和纂集情况。钵噜罗国，史载确有其地，《洛阳伽蓝记》作钵卢勒，《魏书》作波路，《高僧传·智猛传》作波沦，《西域记》作钵露罗，慧超《往五天竺国传》作勃律，分大勃律和小勃律，均为音译用字和繁简不同，其地在今克什米尔西北部之巴勒提斯坦（Baltistan，小勃律在今巴基斯坦东部亚兴 Yasin 河流域）。《西域记》说该国有伽蓝数百所，僧徒数千人。《往五天竺国传》也记载有寺有僧，敬信三宝，所以说此地有众圣集中，纂集十万偈的《大日经》而收藏于王宫，不是不可能的。问题在于流行于世的是二千五百偈或三千余偈或四千偈的所谓略本，而此流行本却是由中天竺的密教阿阇梨与诸圣贤纂集而成，这一点正是这则传说所透露的事实情况！

如果说这则传说有什么附会掩饰之处的话，那么在勃噜罗壁立千云、悬崖万丈的密窟中，众生如何集中、猿猴如何晒经、如何与国王讨论写经、中天竺阿阇梨如何远涉山河寻求秘宝等等，都是编造出来的神话，正是为了掩盖在中天竺纂集这一事实，同时以此来增加这部经典的神圣和神秘性。如果不是这样，为什么非要说中天竺的密教阿阇梨远去求取呢？这就是在杜撰的神话中泄露了天机。

而所谓中天竺，实际上就是指那烂陀寺而言。七世纪中叶，善无畏初入那烂陀寺时，其师达摩鞠多已"掌定门之密匙，佩如来之密印"，善无畏从其授受灌顶，禀承密法。此后十多年义净求法于此，据其《大唐西域求法高僧传·道琳传》，道琳亦屡入坛场，希心咒藏，均说明那烂陀寺在七世纪时密教已很兴盛，所以，在此编纂密典当在情理之中。

另外，这还可以从无行的事迹来证明。按《开元录》的记载，《大日经》汉译本所据的梵本，是由无行求取而接回来的[①]，据《大唐西域求法高僧传·无行传》记载，无行长期留学习法的地方正是那烂陀寺，或者此去仅两驿之遥的羝罗荼寺，义净东归之时，无行亦从那烂陀寺相送。这说明无行回归至日，所系之经典取自那烂陀寺。凡此种种，表明《大日经》很有可能纂集于中印度那烂陀寺。

关于《大日经》形成的地点学术界还有多种看法，有主张西印度的，有主张东印度及南印度沿海地方的。也有主张中印度或北印度的。[②]关于《大日经》形成的时间，学术界一般认为在七世纪初，也有的认为是在七世纪中叶的。但文献记载中的传说的时间很早，多罗那他《印度佛教史》说行持事部和行部的密教，自大乘流行以来就已秘密地流行，而至无著时代开始公开行持，其大约盛行了二百年。无著约是四五世纪的人，则盛行的二百年当在四至六世纪。

从汉经典史看，事部密典在六世纪时已传入中国。[③]据义净在《大唐西域求法高僧传·道琳传》的记载，事部密典《持明咒藏》至他们在印求法时的七世纪中叶已"现今求觅、多失少全"了，说明至此时，事部密教已逐渐衰弱，被新起的行部密教所取代了。所以作为行部代表经典的《大日经》，至迟也在六世纪时已经形成。当然，其形成的时间也不会太早，因为善无畏的后世弟子们毫无例外地将其传承谱系在善无畏之前仅推三代，即达磨鞠多—金刚手—大日如来。其中金刚手即使被当作真人真事，也不过与善无畏相去二代，也就是六十年左右。

又传说善无畏去见达磨鞠多时，见其师颜如四十，而年龄已八百岁了，为什么把他老师的年龄说得如此之大呢？这正好反证了他们禀承的法系时间不是很长，否则没必要夸大年龄，而完全可以列出五六代的谱系。所以《大日经》的形成，也不会早于六世纪之前多少时间。七世纪前期达磨鞠多已在那烂陀寺主持密教，传授胎藏。表明至此，《大日经》从纂集到逐渐流传，以至行持传授，在时间上也足有一个过程了。

《大日经》思想的形成是比较复杂的，可以说其思想来源是多元的。但就其哲学思想而言，主要是以中期大乘佛学思想为基础而形成的。

《大日经》讲心性论，第一品便开宗明义称"住心品"，而当对话转入正题之后，就直接了当说菩提就是"如实知自心"，自心即以清净为本性。又把心性同般若空智结合起来谈，说心之本性也就是无分别的空性，对空性的认识就是一切智智，有了一切智智就是菩提，故说心、虚空界、菩提三种无二。在这里需要注意的是，《大日经》所说的心性论，强调的是自心，也就是众生自己的心，这显然是《涅槃经》以来的佛性论的进一步发展，而把佛性论同心性论结合起来说，正是中期大乘佛学思想，尤其是《胜鬘经》一类经的一个特征。

《大日经》又把清净之自心称为净菩提心或菩提心，把菩提心作为一个表示最高存在的本体论的概念加以论证和使用，说菩提心为因，除了表示发菩提信心的意思之外，更深一层的含义是指菩提心为修行成佛的根据和内在原因，所以称其学说为菩萨净菩提心门。这也是世亲之后中期大乘佛学思想中出现的一种倾向，尤其表现在坚慧的《法界无差别论》和《究竟一乘宝性论》两部著作里。这一点吕澂《印度佛学源流略讲》中早已指出，但密教把菩提心作本体论的概念来用，应当说始自于《大日经》。

《大日经》受中期大乘佛学思想之影响，更为明显的是直接吸收如来藏的思想，这不仅表现在它的心性论上，把如实知自心看作一个由识心含藏的净心种子生根、发芽、增长茎叶、开花、结果，还复成种这样一个过程，视心性为含藏于母胎中的孕体，一切功德本具无余。而且还表现在它的密法理论上，称其密法为胎藏界、大悲胎藏生大漫荼罗王，把整个世界看作一个胎藏发生的大漫荼罗，大日如来即是胎藏种子，所谓修行成佛就是以大悲万行具足种种因缘条件，使胎藏种子得以开发。

《大日经》是以中期大乘佛学思想，尤其以晚出的大乘经典，如《胜鬘经》一类为基础，建立其心性论体系的。它强调无分别的心性，与坚慧《法界无差别论》的思想相近，但没有更多地反映出瑜伽行派和中观学派兴起之后，所讨论的一些主要问题。这一方面当然是因为《大日经》取他说以立自说，无意与别人讨论什么，而另一方面却也说明了它形成的时代，正是无著、世亲之后中观学派与瑜伽行学派兴起的时代，坚慧的著作和《大日经》反映的是同一个时期的思想倾向。

虽然《大日经》取如来藏为胎藏说，但归结点则是强调染净的同一性，自心佛心的无差别，这都反映了《楞伽经》《密严经》《解深密经》等形成并流传之后，所引起广泛讨论时的一股佛学思潮。另外，相对而言，《大日经》与瑜伽行派有较多的联系，这与后来善无畏及一行偏重于中观学派的解释，是有一定差别的，这也说明《大日经》确与六世纪时的那烂陀寺有关系。

《大日经》因为总结事部密教而建立自己的秘密体系，因而也明显地反映出印度教思想的影响。如以阿字来表示本不生，肯定阿声及真言的永恒不变，与婆罗门正统派之一弥曼差派有关。观想中注重本尊与自身的无差别和合一，也与《梵经》及早期不二论有一定关系。

《大日经》的供养仪轨等密法，虽然也与印度教以及民间信仰等有关系，但它主要还是直接承袭于事部密法，这一点《大日经义释》已经指出，说此经"供养承事法，其次第仪轨与《持明藏》常途所说大同，但此中一切众缘皆成法界标帜所为事业，尽带瑜伽"（《世间成就品》卷八）。

所谓尽带瑜伽，就是增加了瑜伽观想一法，亦即意密或心密，故至此《大日经》三密方便才完全形成，所谓理（理供养、心观想）事（事供养）具备。《大日经》讲佛、金刚、莲花三部，与《苏悉地经》等完全相同。

《大日经》漫荼罗法的构成，也与《华严经》《梵网经》以来的华藏传统很有关系。《华严经》等以毗卢遮那佛为莲花海藏之佛，而《大日经》组织的胎藏漫荼罗正是由八叶莲花给成中胎。毗卢遮那佛住于花台正中。

从《大日经》开始，密教以毗卢遮那佛为最高之佛，为本宗教主，也与《华严》等经有直接关系，《日经》在毗卢遮那之前加之以"摩诃"（大）一词，是想与显教有所区别，这正好说明它的摩诃毗卢遮那来自显教之毗卢遮那。如果我们不去探究毗卢遮那这一名称最初是源自吠陀时代或印度土著居民信仰的太阳神，或者源自别的什么宗教，那么我们可以说《大日经》的摩诃毗卢遮那直接承之于大乘《华严》等经典中的毗卢遮那。

学术界有一种看法，认为《华严经》编纂于西域，或者就在汉译本所据梵本的源地于阗。④ 如果存在这种可能性，那么关于《大日经》大本源自于与西域毗邻的钵噜罗国的说法，不能不引起注意。

大日经供养次第法及其作者

《大日经供养次第法》，就目前所知是有关《大日经》供养修行法的第一部著述，它是传承《大日经》胎藏密法的阿阇梨教授弟子如何掌握本经密法要点的一部简便易行的教材或课本，也是该经胎藏漫荼罗供养修行法的缩略本，所以又译作《大毗卢遮那佛说要略念诵经》。

该著有两种译本，一即为善无畏译的《大日经》（第七卷）本，一为金刚智译的《大毗卢遮那佛说要略念诵经》单行本，均为同本异译。其他题名不同的现存传本都是此两种译本改编而成，如《摄大毗卢遮那佛神变加持经入莲花胎藏海会悲生漫荼罗广大念诵仪轨》《大毗卢遮那经广大仪轨》等由善无畏译本改编，《大毗卢遮那佛神变加持经莲花胎藏悲生漫荼罗广大成就仪轨》等由金刚智译本和善无畏译本兼改合编而成。

关于《大日经供养法》的编撰及作者，两种译本有两种说法。《金刚顶经大瑜伽秘密心地法门义诀》引金刚智相传的话说："其中天竺国佛法渐衰，时有大德先诵持大毗卢遮那真言，得毗卢遮那佛而现其身及现多身，于虚空中说此法门，及文字章句次第令写讫即灭，即今《毗卢遮那念诵法要》一卷。"

金刚智译本所据的梵本是金刚智亲自从南印度带来的，还是依据善无畏本或其他人带来的本子，已不得而知，但这一传说是金刚智从南印度或展转从中印度带来则似无可疑。这则传说除去神话部分，一表明《大日经》及其供养法先兴盛于中印度，尔后流传于南印、东印一带。二表明《金刚顶经》之前先有《大日经》，而且《金刚顶经》的问世与《大日经》的传持者有一定关系。三表明《供养法》由某大德撰集而成。

善无畏译本的传说，如不可思议《大毗卢遮那经供养次第法疏》说善无畏游学诸国至北印度，"乃有一城名干陀罗，其国之王仰凭和上受法念诵。其经文广义深，不能寻遂供养次第"、求请和上供养方法。和上受请，于金粟王所造塔边求圣加被，此供养法忽现空中，金字炳然，和上一遍略读记著，仰空曰：谁所造也？云我所造也。云谁我也？云我是文殊师利也。即唤书人，遂便写取，即与其王一本，自写一本，随行将行，流通四方也"。此中虽增加了神话内容，但意指善无畏所造已明白不过了。

《大日经》卷七末尾明言"右阿阇梨所集,《大毗卢遮那成佛神变加持经》中供养仪式具足竟,传度者颇存会意,又欲省文故,删其重复真言,旋转用之,修行者当综括上下文义耳"。

不可思议所撰述的《供养法疏》中对此段文字作了注释,说明此段文字非后人所加,为一行修润时所加,其可靠性毋庸置疑。

又智俨、温古再治本《大日经义释》卷八也说《供养法》由善无畏撰出。故善无畏为《大日经供养次第法》的作者,是可以肯定的。《义诀》所载传说可能从《供养法》所载之传说衍化而来,随善无畏游学诸国和《供养法》的流通四方,其来历的传说亦随之传诸各地。

关于善无畏撰集的地方,与上说不同,《义释》卷八说阿阇梨于乌仗曩国撰出。史载善无畏遍礼圣迹,每所三至,来唐之时,均途经乌仗那、干陀罗,究竟撰集于哪一地,无佐证可断。撰集的时间亦不详,似乎并不是在来唐途中所撰。另在《供养法》中注重瑜伽观想,还引用了《金刚顶经》,说明善无畏在撰集过程中参考了瑜伽密法的一些内容。

大日经疏及其思想

《大日经疏》，全称《大毗卢遮那成佛经疏》，亦称《大疏》《本疏》。再治本题《大毗卢遮那成佛经义释》《大日经义释》。据日本入唐诸家《求法目录》及安然《诸阿阇梨真言密教部类总录》（简称《八家密录》）、海云《两部大法师资相承付法次第记》等著录，唐时有数种传本，题目、卷数各有不同。

据圆珍于阳城天皇元庆六年（唐僖宗中和二年，公元八八二年）《上智慧轮三藏诀疑表》说，自唐代宗大历年间（公元七六六至七七九年）以来传于日本的《大日经义释》计有六本。而于元庆八年（公元八八四年）所作《大毗卢遮那成道经义释目录缘起》说：

"《录》之由来如余所闻，件《义释》从大唐来我国且有五本焉，今见有四，谓西大寺德清大德（唐代宗大历七年入唐）请来本十一卷，次高雄寺空海和尚（唐德宗贞元二十一年入唐）本二十卷，次当寺慈觉大师（即圆仁，唐文宗开成三年入唐）本十四卷，余（唐宣宗大中七年入唐）赍来本十卷。都虑对勘，大同小异，不免巧拙也。又闻平城山阶寺有一本，此玄昉师（唐玄宗开元十一年入唐），入唐将来。"

安然《八家密录》载有八种传本：玄昉本《义记》

十卷、德清本《义记》七卷（上下十四卷）、圆珍本《义记》七卷（上下十四卷）、空海本《疏》十四卷本和二十卷本、圆仁本《义释》十四卷、遍明本《义释》十四卷、宗叡本《义释》十四卷。知日本最初有七种异本流传，分题《义记》《义释》《疏》三种，而《义记》有七卷、十卷两种，七卷本或分作上下共十四卷，《义释》有十卷、十四卷两种，《疏》有十四卷、二十卷二种。

各本之间的差异，据圆珍于唐大中十年（公元八五六年）四月八日及七、八所记，和咸通三年（日本贞观四年，公元八六二年）九月二十日校勘记、《大日经义释目录缘起》等，各本之间"大同小异""不免巧拙"，均为同疏异本。但有"彼拙此巧"之别，即空海本二十卷和圆仁本十四卷《义释》为一行草本，而圆珍本十四卷《义释》为智俨、温古再治之本。

据温古《大日经义释序》称：

"开元十五季禅师（指一行）殁化，都释门威仪智俨法师与禅师同受业于无畏，又闲梵语，禅师且死之日嘱咐法师，求诸梵本，再请三藏详之。法师秘其文墨，访本未获之顷，而三藏弃世，咨询无所。痛哉！禅师临终叹此经幽宗未及宣衍，有所遗恨，良时难会信矣。"

据此一般认为圆珍本十四卷《义释》是经智俨、温古再治之本。从现存本看，《义释》对全文作了分段，个别地方增加了一些文字，最后一段题之《大日经钞记》及个别文字之外，与《疏》没有什么出入，其实谈不上有什么巧拙之别。

温古《序》中并没有明确指出是否对原文作了加工和补充，只说一行因觉得经本原已缺文，个别地方的解释不免有些牵强纡回，而嘱智俨更求梵本，再请善无畏详加解释，以使释文准确无误。但智俨访本未获，又三藏弃世，咨询无所，未能完成一行嘱托。当然从现行本看，还是作了一些补充的，如卷八开首说到供养承事法时的一段文字，按其语气即为智俨等承事弟子所出之言。

后世又认为智俨、温古改治《疏》文，名之为《义释》或更名为《义释》。但按温古《义释序》所说："尚虑持诵者守文失意，禅师又请三藏解释其义，随而录之，无言不穷、无法不尽，举浅秘两释，会众轻微言，支分有疑，支分有疑，重轻搜决。事法图位，具列其后，次文删补，目为《义释》，勒成十四卷。"此中均指一行事迹，并无智俨、温古更其名或自题名《义释》之义。

又崔牧于开元十六年所作之《经序》中称之以《记释》，不可思议在开元十六年至二十三年之间（公元七二八—七三五年）所作之《大日经供养次第法疏》中称之以《疏》。玄昉于开元二十二年（公元七三四年）携回日本之一行疏作称之以《义记》，说明一行原作并无确定之名称，随传抄而称之。一行《疏》作于开元十二年至十五年（公元七二四—七二七年）之间，此间一行又忙于《开元大衍历》的撰写，疏作一经草成，即来不及分段、补充及提名，便溘然长逝，故随传抄流行，各题疏名，致有同时并存数名，智俨、温古抄本稍事补充分段，即便题名《义释》。疏作卷数亦随传抄人之分而有不同。

空海本二十卷《疏》后来在东密真言宗中留传下来，圆珍本十四卷《义释》后来在台密天台宗中留传下来。《疏》本于日本后宇多天皇建治三年（元世祖至元十三年，公元一二七六年）及称光天皇应永二十一年（明成祖永乐十二年，公元一四一四年）开版印行，《义释》本于桃园天皇宝历六年（清乾隆二十一年，公元一七五六年）开版印行。

在中国当初亦流行数种异本，海云于唐文宗大和八年（公元八三四）撰《两部大法师资付法记》所录为十卷本《义释》，而后来刻版印行的为十四卷本《义释》并《序》，辽觉苑《大日经义释科》及《演秘钞》即注疏该本。辽道宗清宁五年（公元一○五九年）十四卷

《义释》本印行流通。《疏》现刊入日本《缩刷藏经》及《大正新修大藏经》《卍续藏经》等,《义释》刊入《卍续藏经》等。

《大日经疏》撰述于开元十二年至十五年之间。关于它的形成,后世或有认为善无畏之作,一行记录而已者,但崔牧《经序》载一行请善无畏译出《大日经》之后,"又重请三藏和尚敷畅厥义,随录撰为《记释》十四卷"。

又据温古《义释序》所载前引之文义。今并检疏文,凡引善无畏解释之处均标明"阿阇梨言""阿阇梨相传云",凡强调自己解释之处均标明"今谓""私谓""今私谓"等语。疏中又旁征博引、训释会证,正如温古所言"举浅秘两释,会众经微言",且所据均为汉译经论。凡此种种,均可证《大日经疏》为一行之作,是一行依据善无畏解说的笔记和参考显密经论的基础上,加以融会贯通,撰述而成,决非仅记录而已。

《大日经疏》是有关《大日经》的一部权威性注释著作,它不仅表现了作者深邃独到的思想和恢宏博达的知识,而且更重要的是《大日经》的教义和密法通过它才得以阐明和发挥,才使人得以掌握。温古说:"夫经中文有隐伏,前后相明,事理互陈,是佛方便,若不师授,未寻《义释》,而能游入其门者未之有矣。"

此话说的一点也不夸张,因为密教经典中尤其是它的密法，大多来自印度教及其他宗教，讲的都是神秘复杂的仪轨，如果不借助于逐字逐句的解释，是很难明白其中的意思。所以后来密宗中人看重它，甚至超过了本经，甚至也没有人再另辟蹊径去这样注释本经了，后来的大部分著述也都是对《疏》的注释。一行注释《大日经》，温古说"举浅秘两释，会众轻微言"，实在是贴切不过了，道出了一行作疏的两个最基本的方法。

如前所说，《大日经》的义理主要源自中期大乘佛教思想，而其密法则主要承袭事部密教，因此密法仪轨中，仍然带有浓厚的印度教和民间信仰的色彩。其经文原义亦如其字面上浅显的意思，未必含有与佛教相联系的意义，但一行通过更深秘一层的解释，使它具有了佛教的内容，与"外道"的祭仪行法迥然有别了，一部《大日经》自始至终充满了佛教的气氛，所以一行的《疏》使《大日经》及其胎藏密法进一步佛教化了，后来密宗在唐代能够兴盛一时，在日本能绵延不断、相承至今，且能自立于诸宗各派，在程度上与此有很大的关联。

崔牧说一行"智络群籍，神疑大方"，亦无丝毫恭维之意。一行在"疏"中引用了七十余种典籍，所论除三乘密教之外，还涉及四五十种"外道"，其学识之渊博，自不待言。而以什么经典来注释，以什么观点来解说，为什么如此注释和解说，这就使疏作有了自己的思想倾向，与《大日经》原有的思想有了分别。所以"会众亲微言"，使这一产生于印度的密教派别中国化了，在中国得到了发展，成为中国佛教的一个宗派。

一行《疏》的哲学思想是有明显的倾向性，如果说《大日经》兼采瑜伽、中观二说，那么《大日经》则偏向于中观学说。

《疏》中特别重视龙树的著作，处处引用《大智度论》和《中论》及《十二门论》《百论》的说法，推重《般若》《华严》，运用二谛的方法，如以中道来解释阿字本不生义，说"阿字自有三义，谓不生义、空义、有义。如梵本阿字有本初声，若有本初，则是因缘之法，故名为有。又阿者是无生义，若法揽因缘成，则无自性，是故为空，又不生者即是一实境界，即是中道，故龙树云：因缘生法，亦空亦假亦中"（卷七）。这都与龙树中观学说一直在在中国盛行有关。

但中观的传统以否定到否定的方式，不自量力，而《疏》中则从否定开始，以肯定告终，承认有个生死的涅槃、自心即佛心的一实境界。同时以法界为心界，以空性为心性，以实相为心相，这不仅把《大日经》的无分别论作了进一步发展，也把密宗的心性论同天台、华严、禅宗理论相联系。

心性论是一行《疏》阐发的一个重要内容，以"如实自知心"为其中心命题，故说，《住心品》统论全经大意，"所谓众生自心即是一切智智，如实了知，名一切智智，是故此教菩萨真语为门，自心发菩提，自心发菩提，即心具万行，见心正等觉，证心大涅槃，发起心方便，严净信佛果，从因至果，皆以无所住而住其心"。这与善无畏在《大日经供养次第法》中，不可思议在《供养法疏》中强调阿字本不生，是有差别的，更与后来日本真言宗中强调六大说相径庭。

　　一行判释教相也以心性论为依据，以佛所说心性之深浅而大判为四：

　　一、出世间心，包括《阿含经》等小乘十二部经中说，为声闻、缘觉二乘唯蕴无我之认识。

　　二、无缘乘心，或他缘乘心，《楞伽经》《解深密经》《胜鬘经》中说，为大乘有宗及其《佛性论》《宝性论》中八识、三性三无性之说和观阿赖耶觉自心本不生的认识。

　　三、极无自性心，《般若经》《华严经》中说，为大乘空宗观十缘生句，本不生之心实际亦不可得之认识。

　　四、如实知自心，《大日经》中说，为佛性一乘亦即秘密自心自证、自心自觉之认识。

　　四乘之外，又根据《大日经》世间之法亦为佛随类而说的思想，亦把原世间八心增至为十心，判世间心为人天乘。一行又以顿、渐为依据判释三乘，二乘、大乘为渐教，密乘为顿教；小乘如乘羊而行，大乘如乘马而行，密乘则乘神通飞空而度。

一行的判教观也是他的密宗理论中国化的一个重要方面，对后来空海的十住心判教思想有直接的影响，也对后来中日佛教中的显密教观有直接影响。

在密法方面，一行继承了善无畏事行并用的传统，凡《大日经》行法中欠缺或不清楚的地方，均以事部密典《瞿醯经》《苏悉地经》《苏婆呼童子经》等来补充和增加，所以后来的密宗中实际上三部并行合用。《疏》也往往引证《金刚顶经》，也开了金胎并行互释的传统。

唐代及其以后中国的有关著述

《大日经》译出之后，除一行撰《大日经疏》之外，还出现了不少有关的著述，虽然不是宏篇巨制，不堪与《疏》相比，但也曾流传一时，有的甚至传至今天。这些著述都从不同的角度撰述，在一定程度上反映了《大日经》在历史上传承、修持的情况。这些著述包括经序和传记、注释、修持仪轨三大类。

经序和传记类中，最早的著述是《大日经序》，由崔牧撰写于开元十六年（公元七二八年），主要记载了《大日经》十万偈大本的猿猴相承的传说和摘集略本的历史，善无畏和一行翻译《大日经》和一行撰写《疏》及善无畏其他作品的情况，并指出《大日经》的重要意义。此序文为当时人所写，具有很高的史料价值。《经序》后来由圆行等携回日本，延宝五年（清康熙十六年，公元一六七七年）刊行，现刊入《卍续藏经》等。崔牧，生平不详，仅知其任职太子内率府胄承军事，河北清河人。

《经序》之后，温古撰《大日经义释序》，主要记载《大日经》的翻译和《疏》的形成情况。文中说："此《毗卢遮那经》乃秘藏圆宗，深入实相，为众教之源尔。""此中具明三乘学处及最上乘持明行法，欲令学者知世间相性自无生故，因寄有为，广示无相，一一推核，目尽法界缘起耳。当知量事迹，所有文言，结会指归，无非秘密之藏者也。"

这里以华严宗的判教观来判释《大日经》，也以华严宗的法界缘起学说解释《大日经》的思想。这是华严宗同密宗发生的最早联系。温古的判释后来至辽金时代仍有影响。温古生平不详，仅知其为嵩岳寺沙门，当在善无畏移居洛阳之后，从其受法，从他的思想推断，他原为华严宗僧人。《义释序》后来由圆珍等携回日本，与《义释》同时流传，现刊入《卍续藏经》等。

唐文宗大和八年（公元八三四年）十月八日净住寺密宗僧人海云，在五台山大华严寺撰集《略叙传大毗卢遮那成佛神变加持经大教相承传法次第记》，主要记叙了《大日经》的传本、翻译、内容和传承系统，其中尤其详细记叙了从印度到中国，从盛唐到晚唐共八代传承《大日经》的情况，是有关中国密宗传承谱系最珍贵的史料。

此记后来与《金刚界大法付法记》合在一起为上下卷，并行于世，并传入日本流传至今，刊入《卍续藏经》（九十五册）和《大正藏》（五十一册）。海云《付法记》之后三十年，慈恩寺等密宗僧人造玄作《胎金两界血脉图》，补充了海云之后的一代传承。

注释类有不可思议的《大毗卢遮那经供养次第法疏》上下两卷，对善无畏的《供养法》作了逐句解释，也参考了一行的《大日经疏》，但解释比较简略。《疏》中以理、事二法贯穿全文，说供养无非是理事两方面，理供养就是会理入证，事供养就是尽心竭力营办香花，供养佛海。所以该《疏》在思想方面强调认识和证悟本不生之理。《疏》中还记载了善无畏早期的一段历史，和《供养法》形成的情况，以文殊师利为《供养法》的作者。不可思议为新罗国妙零寺僧人，生平不详。

按《疏》中所说，从善无畏受胎藏法，并听闻《供养法》的随分抄记为《疏》。《疏》中曾数次引用一行《大日经疏》，又说"凡坐法，圣善之寺三藏和上边面受"云云，说明《疏》撰写于开元十六年至二十三年（公元七二八—七三五年）之间。

其他注释，据宗睿《新书写请来法门等目录》有《大日经略疏》原三卷，圆仁《入唐新求圣教目录》作《大日经略疏》，安然《八家密录》作《大日经略疏》，均缺上卷，不题作者。《圆仁录》和《八家密录》又有《略释毗卢遮那经中义》一卷，《大毗卢遮那胎藏经略解真言要义》一卷。此诸注释均散佚不存，已无法详考。

仪轨类今存者有法全撰集之《大毗卢遮那成佛神变加持经莲花胎藏悲生漫荼罗广大成就仪轨》二卷，因法全在玄法寺时所撰，称《玄法寺仪轨》，《大毗卢遮那成佛神变加持经莲花胎藏菩提幢幖帜普通真言藏成就瑜伽》三卷，因撰集于青龙寺，故略称《青龙寺仪轨》。两部仪轨均按善无畏《供养法》，将经中仪轨及善无畏所传之法简略集中而成。

法全是密宗第五代传人，为晚唐密宗的中坚人物，兼传三部大法，从法润受胎藏教法，广传于诸弟子，日本僧圆仁、圆珍、圆载、遍明、宗睿等均从他受法。

与法全同门的惟谨著有《大毗卢遮那经阿阇梨

真实智品中阿阇梨住阿字观门》一卷，简称《阿字观》，又自称《入理仪轨》或《毗卢遮那经略集字母观行仪》，惟谨之文，虽称之以仪轨，实则除讲观想的方法之外，还引经据典，解释字轮的意义，并以如实知自心为最终入证之理。惟谨此文撰于唐文宗开成元年（公元八三六年）。

惟谨，怀州（今河南焦作、沁阳诸市县一带）人，先住玄法寺，后移慧日寺，再居净影寺比绮院。

现已散佚而见于经录的仪轨类还有《胎藏五轮观门》一卷、《大日如来成佛经释中世间六月持明禁戒念诵仪轨》一卷等。

另外，唐肃宗乾元元年（公元七五八年）不空上表请求搜寻梵夹翻译，后来从善无畏携来的梵夹中译出有关《大日经》的几部仪轨，流行并行持，其中有《大日经略摄念诵随行法》一卷、《大毗卢遮那成佛神变加持经略示七支念诵随行法》一卷、《大毗卢遮那略要速疾门五支念诵法》一卷、《毗卢遮那五字真言修习仪轨》一卷。

唐末之后由于密宗衰微几至绝响，近有二个世纪内没有人传承和注释《大日经》了，直到十一世纪中叶才有辽代觉苑的注释出现。觉苑的注释包括《大日经义释大科》一卷、《大日经义释科》五卷、《大日经义释演密钞》十卷，前二部已散佚，今存后一部，卷首并有自《序》一篇，文前又置赵孝严《大日经义释演密钞引文》一篇。

觉苑为辽燕京（今北京城西南之幽州，一称南京）圆福寺僧人，其盛年的生活在辽兴宗、道宗时代，曾受皇帝加封崇禄大夫检校太保行崇禄卿，赐紫衣及师号"总秘大师"，为辽朝一代义学名僧，尤以密教见长。赵孝严《引文》载其"幼攻蚁术，长号鹏耆，学瞻群经，业专密部。禀摩尼（印度人）之善诱，穷瑜伽之奥诠，名冠京师"。

有辽一代，诸帝倡佛，译经讲学，盛极一时，密教尤其兴隆，兴宗调造大藏，《大日经义释》敕准入藏，道宗开场讲学，觉苑应诏演讲《大日经》及《义释》，因而撰集讲义为《大日经义释科》五卷，通行于时。

道宗咸雍（公元一〇六五——一〇七四年）初年，应提总中京大夫庆寺的建议，副留守守卫尉卿牛铉、守司空悟玄通圆大师道弼及僧首紫褐师德百余人致书觉苑，请求钞解《义释》，阐发《大日》密义。于是着手撰写《疏钞》。大康三年（公元一〇七七年）又诏进《疏钞》及《科》，不久便撰集成书，题名《演密钞》，赴中京面呈，而敕准雕印流行。

觉苑的《演密钞》，同时钞解温古的《义释序》，对

《义释》全文，他认为有必要的词句概念及段落进行重点性的诠释，也学一行浅深两释的方法，通过深秘一层的解释来阐发自己的思想。

《演密钞》最大的一个特点，就是以华严宗的理论来解释《大日经》和《义释》的思想。当时的辽朝义学中华严学最为兴盛，尤其澄观的学说风靡一时，觉苑深受其影响，文中多引澄观之说及《华严经》，这也就是为什么觉苑同时钞解温古之序的原因。

如前所说，《大日经》本来与《华严经》在思想上和密法方面都有许多关系，一行也以《华严》的许多思想解释《大日经》，视《华严》为显教中最深之理论，这就把密教与华严学联系起来了，而温古则直接一华严宗思想解释《大日经》，可视为一个新尝试。到了觉苑以华严宗思想全面解释密宗理论，融密教学与华严学为一体，则成中国密教学的一个重要特点。觉苑认为《大日经》以秘密不思议法界缘起观行为宗趣，《疏》文同样归之于不思议法界缘起，或归之于甚深秘密观行，故以四法界观解释阿字观门以及菩提心清净性。

觉苑尤以华严判教观判释教相，判释《大日经》为密藏圆宗，圆顿不思议成佛神通一乘，因这样判释与清凉判《华严》为一乘秘密之藏相矛盾。又以显密二教来分别，判《华严》为显圆，判《大日》为密圆，二者同为秘密，而《大日》以三密宗，秘中之秘，密中之密，唯佛与佛乃能究了，故密圆深胜。

觉苑也以《起信论》的思想解释《大日经》，尤其以体、相、用三大解释经题和三身说。另天台宗的思想对觉苑也有一定影响。

觉苑的著作及其思想在当时有很大影响，道殿著《成佛心要集》，即受其直接影响。后来传入日本，赖瑜以及宥快、昙寂等诠释《大日经》，也受到一定的影响。

空海及其东密真言宗的有关著述

自九世纪初空海入唐习密并回国建立真言宗开始，《大日经》及其《疏》的传持讲授代代兴盛，名匠辈出，新说纷陈，著述如林，有关著述竟达三百余种，可谓佛门书海中罕见。

空海的有关著述有《大日经开题》一卷、《大日经疏文次第》一卷、《大日经疏要文记》一卷。据称空海说、实惠记的有《大日经王疏传》八卷、《供养次第法疏传》一卷。另外，其《十住心论》《秘藏宝匙》《真言宗即身成佛义》《辨显密二教论》等也都与此有关。其中，《大日经开题》共有七种传本，分别称作法界净心本、众生狂迷本、今释此经本、大毗卢遮那本、隆崇顶不见本、三密法轮本、关以受自乐本。各本之间内容范围及文字增减，均有不少差异，后人多注解法界净心本。

《大日经开题》主要解释《大日经》的题日及全经大意。文中所释除一些基本内容之外，与一行《疏》多有歧义，尤其释"加持"之义时，举二首偈：

"六大无碍常瑜伽，四种曼荼各不离，三密加持速疾显，重要帝网名即身。法然具足萨般若，心数心王过刹尘，各具五智无际智，圆镜力故实觉智。"

首次提出六大体性说，认为地、水、火、风、空、识六大为法界体性，能造之体，四种法身（自性、受用、变化、等流四身）、十界（六凡四圣）为所造之祖，而能造所造又互相涉入、相应无碍。在《即身成佛义》中认为此偈含有即身成佛之义，而通篇加以解释，同时举出《大日经》中的四首偈及五字义和《金刚顶经》中的一首偈，对其六大说作了进一步论证。

空海提出六大说所依据的六大无碍偈，有的说八祖古来相传，有的说惠果所作，有的则说空海自造。不论出自何处，谁所造作，但空海的论证是很勉强的，与《大日经》的原义和一行《疏》的解释大相径庭。当然，却也是空海的一种阐述，一种新的见解、新的理论，它构成了日本真言宗的缘起论，影响颇大。

空海又认为此二偈含有即身成佛四义之义，初一颂说即身二字，后一颂说成佛二字，全八句依次表体、相、用、无碍、法佛成佛、无数、轮圆、所由。又举《金刚顶经》和《大日经》及《金刚顶瑜伽中发阿阇多罗三藐三菩提心论》的话作论证。

关于即身成佛的思想，《大日经》中并不是很明确的。但在一行的《疏》中是非常明确的，如说一生越度三妄执，则一生成佛（卷二），又说："行者以此三方便（身、语、意三密），自净三业，即为如来之所加持，乃至能于此生满足地波罗密，不复经历劫数、备修对治行。"（卷一）又说："今此真言门菩萨若能不亏法则，方便修行，乃至于此生中逮见无尽庄严境界，非但现前而已，若欲超升佛地，即同大如日来，亦可致也。"（卷一）

但海空并没有引据《疏》说，而引据根本大经、菩萨之言（《金刚顶发菩提心论》被认为是龙猛菩萨——所谓传法三祖所造），虽见有高远之心，却显得有点勉强，其实骨子里受的恐怕是一行《疏》的影响。六大无碍偈因解释为即身成佛义，故又称即身成佛颂。

空海将颂中前三句解释为表示体、相、用，因而后来形成了真言宗六大体大、四曼相大、三密用大的一套理论体系。除《大日经开题》和《即身成佛义》之外，空海的《秘密漫荼罗十住心论》十卷，其略本《秘藏宝匙》三卷，也是阐发《大日经》之义而建立了判教理论的重要著述。

空海的十住心即：一异生羝羊心，二愚童持吃斋，三婴童无畏心，四唯蕴无我心，五拔业因种心，六他缘大乘心，七觉心不生心，八一道无畏心，九极无自性心，十秘密庄严心。

第一心即《大日经》中所指不知因果关系的认识。第二、三心即顺世八中心的第一心和第八心。第四、五心即包括违世八心。第六、七心，是把无缘乘心一分为二；无缘乘，《疏》释亦作他缘乘，空海采用此词，虽未说明，实则说明参考了一行的解释。第八、九心，是将极无自性心一分为二。第十心，《大日经》作十心无边智，《疏》作如实知自心，为佛性一乘如来秘藏。

《疏》判教没有明指中国各宗，而空海则明确指出他缘乘心即法相宗，觉心不生心即三论宗，一道无为心即天台宗，极无自性心即华严宗，秘密庄严心即真言宗。空海又著《辨显密二教论》二卷，亦阐发《大日经》及《疏》义，论二教优劣不同。

空海的《大日经开题》法界净心本，后来又有不少人作注，其中主要有了贤《口笔》二卷，兼澄《签释》一卷，赖瑜《愚草》一卷、《诸本大纲》一卷，道范

《钞》一卷，宥快《钞》《问题》各一卷，源庆《指示论议》一卷，道应《讲鉴》一卷，宝有《钞》一卷。《大日经开题》原有古版六种，现有《弘法大师全集》本等。

空海之后，有关《大日经》及《疏》的注释者层出不穷，著述很多，其中平安时代的早期著述主要有圣宝《大日经疏钞》一卷、观贤《大疏钞》四卷、真寂《大日经对注》一卷、淳祐《大日经指记》一卷、真兴《大疏略钞》、仁海《疏钞六帖》、济暹《大疏私记》十六卷、教寻《真言教主问答钞》一卷、《显密问答钞》二卷、实范《大经要义钞》七卷、宽信《钞》、重誉《教相钞》十卷、信证《大日经住心钞》八卷、觉镮《十九执金刚秘释》《听闻抄》、心觉《大日经私记》一卷、觉贤记会庆《口诀》、叡尊《方便学处品抄》、观心《抄》、高辨《梅尾御物语》三卷、尚祚《大疏初学大要抄》一卷。

至平安时期（公元七九四——一一九二年）末叶及镰仓时期（公元一一九二——一三三三年）学僧辈出，学说多歧，尤其就《大日经》之说法教主及至真言教主展开争论，其中高野山之觉海、道范等主张本地法身说，从而形成真言宗古义学派。

道范的主要著作有《大日经疏除暗钞》七卷、《大疏遍明钞》二十卷、《大疏勘文》三卷、《义释钞》《义释里书》一卷。而根来山的赖瑜与古义派相对，主张加持身说，后来圣贤又大成其说，遂形成真言宗新义学派。

赖瑜著述甚丰，其中有关《大日经》及《疏》方面的有《大疏指心钞》十六卷、《大疏愚草》二十五卷、《大疏缘起》一卷、《大疏题额》一卷、《大日经说时事》一卷、《微细妄执义》一卷，圣宪《大疏百条第三重》十三卷等。

期间还有真辩《大日经开题闻书》《大日经开题诸本大纲》各一卷，宥祥《大疏义述》三十一卷、《大疏义述私记》五卷、《科文》十卷、《玄记抄》一卷、《大意抄》二卷、《品目》二卷、《奥疏烂脱》一卷、《大疏彻肝抄》一卷、信日《大疏堪文》三十卷、《纲要抄》三卷，源暹《日轮抄》百卷、《鹦鹉抄》十卷、《尊林抄》三十卷，信坚《大疏闻书》三十八卷、《大缘疏起》一卷，觉和《供养法疏山下闻书》一卷、《大日经奥疏闻书》一卷，赖宝《真言本母集》三十五卷等。

此后足利时代宝性院宥快主张而二说，无量寿院长觉主张不二说，形成两大学派，其中宥快《大日经》著述颇多，主要有《大日经疏抄》八十五卷、《传授钞》一卷、《大日经教主十九人异议》《大疏文字读》各一卷，《大疏口传钞》一卷、《大疏铁塔相承之事》一卷、

《奥疏大事》《三部经闻书》各一卷。

南北朝时期（公元一三三六——一三九二年）赖宝、杲宝、了贤、贤宝又宣扬不二门教风，其中赖宝著有《大日经疏堪记》四十余卷、《大日经疏抄》二十五帖，杲宝著有《大日经疏演奥钞》五十六卷、《疏略闻抄》二十九卷、《大日经疏抄》二十九卷，观贤记《大疏通心钞》《大日经教主本地加持分别》一卷、《大疏教主义》一卷、《大日经三国由来事》一卷、《大日经疏玄谈》一卷、《大疏愚案抄》五卷。

期间还有玄海《大疏科文》二卷、《大书闻书》《乱印钞》，宥范《大疏妙印钞》八十卷、《妙印钞口传》十卷、《大日经疏范秘记》十卷、《羊竹》二卷、《科文》十卷、《阿鑁法乐钞》三十五卷、《供养法记》二卷、《供养法私记》八卷，赖豪《住心品疏开云抄》十六卷、《不思议疏口诀》，快成《大日经奇特之事》一卷，亮严《大日经疏》二十卷、《闻书》一卷，圣宪《住心品随意录》十卷、《大疏百条第二重》一卷、《大疏第三重附自证说法十八段》十一卷。

此后一段时间又有快全《奥疏由来记》一卷、《大疏问题》六卷、《奥疏大事》一卷，成雄《大疏问题》十一卷、《大疏口决私记》一卷，道瑜《大日经缘起》一卷、《大疏寻求钞》八卷、《大日经疏题额》一卷，亮遍《开发钞》七卷，印融《大疏指南钞》九卷、《初心钞》《大疏愚案钞》各三卷、《大疏诠要钞》两卷、《杣保隐遁钞》二十卷、《奥疏附状》一卷、《真俗两点集》一卷、《密宗佛身建立钞》，纯瑜《大疏草子抄》十卷，圆宥《真言宗三部经并大日经疏因缘事》一卷，赖庆《大日经秘诀》一卷，玄广《大日经教主》一卷等。

德川时期（公元一六〇三—一八六八年）智积院、长谷寺以及各地教学仍然兴盛，著述更多，出现了慧光、道空、昙寂、弘道、法住以及净严、慈云等著名学僧，其中慧光著有《大日经疏印义钞》二十卷、《大疏传授闻书》二十一卷、《住心品疏略解讲述》八卷、《毗卢教主义》一卷、《曼荼罗阿阇梨浅深重数》《大日经奥疏闻书》各一卷、《大日经除未传法人》一卷、《大日经疏演奥钞今案》《大日经始涉要》《大日经冠注》等。

昙寂著有《大日经疏私记》八十五卷、《追记》十八卷、《大日经教主义》一卷、《供养私法记》六卷、《如实知自心章别记》一卷等，净严著有《大日经住心品疏冠注》九卷、《大日经持明禁戒品六月成就秘诀》一卷、《大日经密印品诸印秘诀》二卷、《大日经演奥钞校订》六十卷、《大日经讲次摘要》《阿字观私人记》等。

其他注释有亮典《疏科文》一卷、《住心品疏科文》六卷，良誉《不思议疏四重秘释》，庆空《大疏宗义钞》一卷，运敞《大疏启蒙》五十九卷、《大疏谈义》二卷、《大疏第二重》一卷，《同劫心义章》三卷，荣秋《大日经疏缘起》一卷、《大日经奥疏传授血脉相承》一卷、《经书相传手鉴》一卷，亮汰《不思议疏略钞》三卷、《住心品科注》三卷、《口疏科注》六卷，惠照《住心品疏要解》七卷，亮元《大日经疏篙测钞》六十余卷、《烂脱辩》一卷，卓玄《疏草第五私记》一卷，麟瑞《大疏科目》一卷，美岳《住心品疏玄谈讲录》一卷、《三句大意》一卷、《十地章》一卷、《八重玄门义》一卷，《大日经疏讲录》二卷、《大疏精义》《大疏第三重记》《毗卢遮那成佛经疏玄谈》各一卷，觉眼《住心品疏拾义钞》十卷、《住心品冠注》九卷、《大疏五行母录》一卷。

亮贞《自证说法十八段私记》一卷、《大疏第三重记》，通玄《大疏裂网》七卷，性寂《大疏传授闻书》二卷，惠曦《大疏传授私记》《造坛问诀》各一卷，灵照《大日经疏传授闻书》二十一卷、《大日经疏传授私记玄谈》一卷，宝严《大日经疏闻书》五卷、《住心品疏略解听讲记》八卷，信恕《四重秘释彼处不言草》三卷、《第三重记》，行澄《毗卢遮那经疏传授纲领》一卷，无等《大日经疏探颐录》十八卷、《大日经秘印品印义》一卷，净空《大日经心地法门》四十五卷、《大日经疏执中抄》四十九卷、《大疏随类》七卷，妙瑞《法性大日义》一卷、《大日经疏条箇》一卷、《本地恒说义》三卷、《觉华钞》十卷、《第三劫诸师异说评文》一卷。

亮海《大疏讲录》十卷、《毗卢遮那教主古今异说集》（附指瑕）一卷，周海《大日经肝心钞》十八卷，常操《大日经开藏诀》三卷、《大毗卢遮那经教主义》一卷，智晖《大日经疏同异》二卷，良恭《住心品讲录》（附玄谈）二十五卷，教圂《大日经仪轨传授由来记》一卷。

法住亦是此时期治《大日经》及《疏》的大家，著述丰盛，主要有《住心品疏玉振钞》九卷、《住心品疏科文见闻记》一卷、《住心品疏闻持记》四卷、《管弦相成义》二卷。《大疏管弦秘由》一卷、《大日经疏管弦秘诀》一卷、《相成义弄引》二卷、《管弦相成义科文》一卷、《口门入记》《大疏管弦相成义见闻记》二卷、《口秀阳记》《大疏管弦相成义闻持记》一卷、《管弦相成义讲要》一卷等。

如宝《住心品疏专心钞》九卷，隆山《净菩提心门》一卷、《大疏演奥钞补阙钞》六卷、《大日经住心品中净菩提心门采摘》一卷，净光《奥疏听要记》一卷，弘道《大日经疏传灯记》二十卷，《秘密曼荼罗宗教主义》一卷、《大毗卢遮那经教主义》一卷、元瑜《住心品疏讲翼》十七卷、《住心品疏私记》一卷、《住心品疏标条》一卷，快道《口疏私记》一卷、《大疏住心品疏悬谈》二册、《大疏第三重评判》一卷、《大疏第三重记》十二册，谦顺《大疏随类》十九卷，净等空《两部教主和解》一卷、《十二口传》一卷、《三部四处字轮百光遍照图》一卷，海应《奥疏分科》六卷。

隆瑜《大日经疏拾要记》五十二卷、《大日经供养法疏私记合》六卷、《大日经不思议记》，明道《教主异义得意》一卷，信海《大日经乱脱记》一卷，戒专《奥疏传诵闻书》二卷，道应《奥疏传授悬谈》一卷，照遍《五部秘经传授要略》五卷、《大疏传授私记》一卷、《大日经教主管见》一卷、《大日经三十一品生起次第略释》一卷、《大日经七日作坛行事》一卷、《大日经具缘品第六夜授戒体相分别》一卷、《大日经世间成就品所说四种念诵法》一卷、《六月念诵行事》一卷、《大日经不授未传法者之文段》一卷、《大日经肝要之文段秘释》一卷、《大疏引瞿醯经事》一卷、《大日经疏传授除之段》一卷，相宪《大疏住心品私记》三卷，辩实《大日经疏玄谭》，觉邦《大日经住心品疏讲义》八卷，大了《大毗卢遮那经住心品疏悬谈》，净空《大日经疏私记》二卷等。

台密天台宗的有关著述

　　九世纪初与空海同时入唐的最澄，在台州（今浙江省象山、宁海、三门、天台、仙居、临海、温岭等县）从天台山修禅寺座主道邃、佛陇寺座主行满学习天台宗教法，从越州（今浙江绍兴）龙兴寺顺晓（原泰岳灵严寺沙门）受密教灌顶、金胎两部大法，又从太素、江秘、惟象、灵光等人受事部密法。回国之后便在高雄寺设立灌顶坛，传受密法，并敕准度僧之数，创立天台宗。于是一宗二教，同传并授，开天台于密宗合流之首，《法华》于《大日》融摄之风。

　　最澄认为《法华经》与《大日经》其理齐等，主张显密一致，故后来诸家均主圆（法华）密一致，认为大日与释迦一佛异名，所说之法不过是内证外用之不同而已，《大日经》等是佛内证悟界之秘说，《法华经》是佛外用终极之妙谈。

　　最澄注释《大日经》之有关著述有《胎藏缘起》一卷、《遮那经疏钞要决》二卷、《遮那经第四卷记》一卷、《遮那私记》一卷、《注遮那经杂钞》一卷、《古印并遮那杂记》一卷、《字轮品钞》一卷、《胎藏造漫荼罗支分》一卷、《三种灌顶五种三昧文》一卷等。

　　最澄之后，又有弟子圆仁弘扬密教，曾与唐文宗开成三年（公元八二九年）入唐求法，其中于会昌元年（公元八四一年）从青龙寺义真及玄法寺法全受胎藏密法。圆仁判教分显示教和秘密教，显示教即三乘，秘密教即圆密一乘，而一乘又分理事二种，《法华》等为理秘密，《大日经》等为理事具密。

圆仁著《真言所立三身问答》，主张法身、自受用身、他受用身三身说。法身为理智不二如来，于显教义不说法，于密教义则为众生说法，《大日经》等即为理智不二法身所说。自受用身即自受法乐，通遍法界，不可测量。他受用身令他受法乐，为他受用，故随宜而现，或大或小，改转不定。而三身同为理内常照实相法身，具遍法界，无有优劣。所以分别三身，是因为见机之不同，非佛差别。圆仁的著述大部分属密教，其中有《大日经钞》一部、《胎藏界虚心记》二卷，后一部记胎藏界手印法及其意义，虚心即虚心合掌之略。

圆仁之后发扬天台密教，精治《大日》者是圆珍，据载圆珍二十岁受戒时，考试《大日经》即登甲科。唐宣宗大中七年（公元八五三年）入唐求法，其中于大中九年（公元八五五年）从青龙寺法全受三部灌顶，从大兴善寺智慧轮受两部密法要旨。回国之后，于贞观六年（唐懿宗咸通五年，公元八六四年）开大悲胎藏灌顶坛，天皇亲自入坛受法，并讲授《大日经》，天皇及王公大臣听受。元庆六年（唐僖宗中和二年，公元八八二年）上书智慧轮，其中问及《大日经义释》传本等问题。

圆珍著述很多，而大部分属于密教，其中有关《大日经》方面的著述有《大毗卢遮那成道经义释目录缘起》一卷、《大毗卢遮那经指归》一卷、《大毗卢遮那成道经心目》一卷、《大日经疏》一卷、《大日经疏钞》一卷、《大日经开题》一卷、《大日经义释批记》一卷、《大日经义释更问钞》一卷、《大日经义释杂抄》一卷、《字轮品杂疑目》一卷、《义释烂脱文》一卷、《大悲胎藏瑜伽记》（亦名《胎藏界私记》）三卷等。又其中《大毗卢遮那经指归》是圆珍判教论的代表作，著名的五时五教判即出于此，故此经被视为台密名著。

《大日经指归》撰于贞观十二年（唐懿宗咸通十一年，公元八七〇年）十二月，文前有自序一篇。该著并非注释《大日经》或阐述其中心大意，而是判释《大日经》的地位，当时叡山学僧提出《大日经》的判释问题，向唐朝的祖庭提问，按天台宗的五时四教判，《大日经》应包括在何部、何时、何教？是佛在《法华经》前说还是在其后说？天台山佛陇禅林寺传教和尚广修和国清寺传法座主维蠲回答说，《大日经》是佛第三时说，包括在方等部，是在《法华经》之前所说。于是在《大日经》《法华经》同传并授的天台宗内部引起了一定的混乱，圆珍便针对这种情况，著述此文，据理反驳广修、维蠲二人的论点，以正时见，并由此确立本宗判教理论。

圆珍在建立自义部分引据二十七条《大日经》文和《义释》文，一一阐明自己的见解。其主要意思是强调佛所说的所有教法，归根结底说的都是同一个道理，最后的归趣点都是一样的，所谓究竟同归，本无异辙，各部各教之间、前说后说之间，并无此生胜彼劣、此非彼是的分别，但因为众生的根基不一样，性情爱好，思想认识有别，而佛针对不同众生所说的教法也就深浅不同。

故圆珍最后根据一行的判教观判释五时四教，而于第五时分初中后三教，初《法华》，中《涅槃》，后《大日》，以《大日》横统一切佛教，犹如大海容纳万千河川，诸显教是佛渐次开实相门，密教则是佛顿开实相门，独说即身成佛之道，故为大空圆满教或一大圆满教。圆珍最后还批评了空海的十住心判教说，另立秘密庄严心。此不过是如实知自心之相，故空海没有理解一行《疏》的意思，妄以十住心判一代之教，实不足为论。

圆珍为台密著名义学高僧，与圆仁、安然并称台密三杰，而于治《大日经》，钻研《疏》理，则最为精密。

圆珍另著《入真言门如实见讲演法华略仪》二卷，名为《略仪》，实则完全以《大日》密义解释《法华》教理，以《疏》融会天台宗见，显密相涉，融为一体，这是密教学历史上的又一个重要特点。

密宗与华严宗相联系，温古、觉苑以华严解释密教；密宗与天台宗相联系，圆珍以密教解释天台。一以显释密，一以密诠显，说明了中国佛学各派由标新立异到互相影响，由各持门户之见到融合会通的发展趋向。

圆珍之后，安然继兴台密传统，尤其以五时五教和四十一门判，确立了天台宗判教论。安然著《教时诤》《教时诤论》《真言宗教时义》等，在藏、通、别、圆之外，打破圆仁、圆珍囿于唐天台宗的判教范围，另立《大日》等三部为密一教，至此日本天台宗与中国天台宗的判释已有所不同了，不仅多一密教相区别，而且以理事俱密之圆将理密之圆教区分开来，实际上也是以此来区分日本的天台宗与中国的天台宗之不同。

而日本天台宗内部，由最澄之《法华》《大日》并立，到圆仁尤其至圆珍同教内有初中后之分别，及至安然重密轻显，天台教学发生了重要的变化，这直接与圆仁、圆珍、安然三位天台硕学一贯偏重密教有关。

安然是天台密教的集大成者，他不仅在教学理论上有所建树，在修行事相上也有一定的成就。晚年在比叡山五大院专事于著述，其著作范围很广，其中有关《大日经》的有《大日经持明行者根本印并诸尊持明者根本略记》一卷、《胎藏具支灌顶记》十卷、《大悲胎藏持诵不同记》七卷、《胎藏界大法对受记》七卷、《大日经钞》《大日经秘密处》一卷、《第七日夜行法》三卷、《胎藏诸尊种子三昧耶形》一卷、《胎藏大曼荼罗诸位号》一卷、《大日经持念法》一卷、《大悲胎藏秘密坛金刚部持诵次第》《大日经疏钞》一卷等，其他有关的还如《胎藏金刚菩提心义略问答钞》五卷、《秘密即身成佛义私记》一卷等。

安然之后，台密又有名匠注释或记述《大日经》胎藏法，其中比较突出的有觉超《胎藏三密抄》五卷、《三密抄简料》二卷、《东曼荼罗抄》三卷、《胎藏界生起》一卷等，觉心《大日经宗骨钞》一卷，敬光《大日经心目讲翼》一卷、《毗卢遮那经指归讲翼》一卷，道硕《遮那经心目科》一卷，皇庆《胎藏界随要记》二卷等。

另外，还有一些著述已佚作者名，其中有《疏读口传多多证据》一卷、《大日经口传秘义》一卷、《真言三部秘经三国传来之事》一卷、《奥疏大事印信口诀》一卷、《奥疏手镜私记》十九卷、《不思议疏秘决》二卷、《不思议疏见闻》四册、《大日经指事》六卷、《大日经肝要抄》十八卷、《大日经疏撮要钞》十四卷、《大日经疏口传私记》一卷、《大疏直谈钞》七卷、《宝肝钞》等，这些著述亦不明属东密还是属台密作者所作。

注释：

① 卷九。

② 如梅尾祥云《秘密佛教史》主张西印度 Lata 地方，铃木宗忠《基本大乘秘密佛教》主张近海岸之东、南印度。酒井真典《关于大日经形成的研究》、大村西崖《密教发达志》等主张中印度。

③ 据费长房《历代三宝记》、智升《开元释教录》等记载，事部密典是在六世纪中叶由阇那耶舍师徒正式传入并译出。但后世经录将失译的事部密典《牟梨曼陀罗经》及《阿咤婆拘鬼神大将上佛陀罗尼经》的译出时间置于梁代末年，按此则事部密典始释于六世纪五十年代。

④ 如吕澂《中国佛学源流略讲》附录《华严宗·略评》，任继愈主编《中国佛教史》第三卷第二章第四节。

解说

结构和大意

　　《大日经》共三十一品，分两大部分，第一部分即第一品《入真言门住心品》，为该经教相部分，也就是讲该经的基本教义，或者说基本义理、基本理论和思想。第二部分即第二品《入漫荼罗具缘真言品》至第三十一品《嘱累品》，为该经的事相部分，也就是讲密法和修行实践，包括基本内容、主要方法、器具条件、规则方式等等。其中第二品是该部分的中心，讲该经的主要密法。

　　第一品分三大段，第一大段即第一自然段，为该经的序言。第二大段即二、三自然段，为该经的核心，讲全经的中心思想。第三大段从第四自然段至品末，解释和展开第二大段的思想内容。第一大段序言交代该经产生的背景，将要说法时的情景和经中要说的是什么法，即表明全经的主题。在交代背景时首先说明该经法的来历，所谓"如是我闻"，因为释迦牟尼创立佛教之后很长一段时间没有文字，他所说的法靠弟子们一代代口耳相传，后来结集成经之时，每个人都说出他们各自听说的法，所以第一句话就说我是这样听说的，在这里也用了这样的话来表明将要说的经的来历。其次交代说法的时间、地点、说法者和听讲者。

据一行《大日经疏》说，密教的经文需要浅深两种理解，浅略的理解就是文字表面的意思。深秘的理解就是在文字中所含有的特定的意思。如说如来以菩萨之身为师子座，浅略的意思是说诸菩萨深心敬法，以至于以身体来支撑如来所坐的师子座，而深秘的意思则是如来本行菩萨道时，次第修行如同登阶梯，后一地以前一地为基础，精进无畏，步步进升，直至十一地。

又如说来集会的十九执金刚和四大菩萨，表示大日如来的十九种内证功德和定慧慈悲四种德性，故每一个执金刚和菩萨的名字并不仅是个代号，而有其特定的含义，如秘密主，表面上是夜叉，实际则代表佛之身语意三密。这就需要触类而思，尤其注意的是其事相，一句真言、一个手印、一件器具都表示一种特定的含义，如一朵莲花、一枚金刚杵，或表示慈悲，或表示定慧，金刚杵置于莲花上，则表示对立的两极和合为一体，或表示生死即是涅槃，众生即是佛，而在另一处也许表示其他的意思。

再次，说大众集会坐定之后，佛以其神通力展现种种情景，以使听众从中领悟本经所要说的主题，所谓身语意平等句法门，并由此引起听众的思考和提问。最后，进一步说明本经所要说的教法主题，就是要讲密教诸菩萨如何在此一生内初发心之时，便能顿觉成佛，如何使有情众生消灭轮回受苦的根源，而得如来善根种子，以至如同植物一样生根发芽、长茎出叶、开花结果，最后亦能得成佛果，所谓真言道清净句法门，《疏》称顿觉成佛神通乘。

第二大段分三小部分，第一部分即第二自然段，提出问题；第二部分从第三自然段开始，直到"乃至一切分段中求不可得"，通过回答和论证问题来阐明全经的中心思想；第三部分从"秘密主此菩萨净菩提"等至段末，讲本经所说法门的功用。

第一部分中首先提出一个总的问题，即全经主题的内容，因为上段中佛示现了种种不可思议的境界，佛能一时普现于十方三世，同时显现为种种不同的形体像貌而在一切地方为有情众生说法，大会听众不免产生疑问：既然佛能示现如此神通的外用境界，必定有其内在的本原，或者动力，所谓"相彰于外，必有性成于内"，而这本原、动力、性质究竟是什么呢？金刚手明白大众的心理，便乘此提出问题，问佛如何成就菩提，得到一切智智而能如此这般。这里借金刚手的话提出问题之后，便举出五种譬喻来说明如来内在本原的特性，即内性外相的同一性和世界的无差别性，也就是说一切众生色心意识的本质，从无始本际以来，本是佛之平等智身，一体不二，如同海水无论何处都是同一个咸味一样。然而这样的佛智本性是如何发生形成的呢？这就是经中借金刚手的话提出第二个问题，也就是第一个总问题的具体化和进深一步。

第二部分首先就近回答第二个问题，然后以此为基础回过头来回答第一个问题，再后加以论证。因根究竟三句是讲菩提发生的过程和因果联系，也就是全部修行实践的理论概括，包含了佛教的全部内容，也可以说该经通篇讲的无非是此三句，所以《疏》说："以此三句义中，悉摄一切佛法。"但在此是从修行成佛的角度说的，就修行过程的因果联系而言，无意于以它来包罗全部的佛法，说它悉摄一切佛法，不过是从广义上的理解罢了。

在此已知如何修行进趣，但还不知道如来佛性种子之所在，不知从何处得此一切智智，于是回答第一个总问题，说菩提就是如实知自心，佛法不是从他处得，而是从行者自心得，如果能于自心如实观察，了了证知，就叫成菩提。

如实知自心一句是该经的核心思想，全经通篇讲因行果三句，无非就是为了明白这句话的道理，无非就是让你如实证知自心，所以一行在《疏》中总结说："此品统论经之大意，所谓众生自心即是一切智智，如实了知名为一切智者。是故此教诸菩萨真语为门，自心发菩提，即心具万行，见心正等觉，证心大涅槃，发起心方便，严净心佛国，从因至果，皆以无所住而住其心，故曰入真言门住心品也。"这一段对全经大意的概括最精辟不过了。

密教学上曾经对《大日经》的法体，亦即主题或中心思想有过争论，有的说净菩提心一切智智是一部法体，有的说阿字本不生是一部法体，有的说阿尾罗吽欠五字门是一部所说大宗，有的说四阿字门是一部所说大宗，还有的说三平等句法门是一部所说主旨，还有的说因行果三句是一部所说主旨，这种观点直到现在还广为流行。

其实，一部经典的法体，或大宗、或主旨，无非就是该经所要说的最基本的一个道理，也就是它哲学上的原理，如果抓住了最基本的原理，一切问题也就迎刃而解了。《大日经》所说的基本原理，正是体现在它专讲教义部分的题目上，即"住心"二字上。广而言之，住，就是如实证知；心，就是众生自心，亦是佛心净心。但如何而住呢？其原因、条件、结果如何呢？这就是因根究竟三句，讲的是住心的基本条件和过程，但这种条件、基础、过程如何才能具备呢？这就是身语意三密，讲的是住心的基本方法和途径，如果用传统的体相用来分析，住心就是体，三句就是相，三密就是用。

然而又如何把握心呢？这就是心之自性清净，心之本不生，心之无分别，心之无相无得等等，讲的都是心之特性、事物之共性，都是从不同角度而言。一行之所以以"众生自心即是一切智智，如实了知名为一切智者"二句作为全经之大意，其用意正在于此。

经文以下阐发和论证如实知自心一句，从阿耨多罗三藐三菩提至本性清净故，是正面阐释，此后是从反面加以论证。正面阐释以表明自心之特性，即唯一、无相、无能所，总之本性清净。反面论证以表明不可不如实证知，心不在内外等，就一切事物和现象论证心之本性实相，非青非黄等，就种种对"真我"的外道观点加以论证。心不住眼界及非见非显现等，就佛教内部种种偏见加以论证。心、虚空界、菩提三种无二等，就性相的关系加以论证。最后总结正反论证，引导出本宗的结论：初发心时直观自心实相，故下称此门为初法明道，《疏》称顿觉成佛入心实相门。

第三部分讲入此真言住心门的功用，每一种功用前后所说，都有递进增生的关系，如获除一切盖障三昧，则与诸佛菩萨同等住，则得五神通之力；得五神通之力，则可获得无量语言音陀罗尼；而获此陀罗尼，则又能知众生心行。如此递相增生，直至成就菩提，期间功德无数，故最后说无量功德皆得成就。

第三大段主要讲各种认识相续发生的过程，以及处于不同认识阶段中的各种心理现象。共分四小段，第一段即第四自然段，提出九大问题。第二段即第五自然段，讲最高的认识境界和三十种外道的认识，及菩提种子最初相续发生的过程。第三段第六自然段，讲世间六十种心理现象及认识，和出世间的各种不同阶段的认识。第四段即第七自然段，讲密教的认识。第一段提出九个问题来展开和发挥第二大段的意思，这九个问题就是：一、如何知道此心菩提种子发生？若已发生，其性质如何？二、菩提心发生之时有何相貌？三、有几心次第相续而得生菩提心？四、相续诸心有何差别之相？五、诸心相续胜进凡经几时而得净菩提心？六、菩提心聚集多少微妙功德？七、如何修行而能获得无上悉地？

此句可分为二句,(1)问以何方法进行修行?(2)问修行的规则是什么?八、众生之异熟识心如何?九、真言行者的殊胜心如何?此九个问题亦略称九句,或将第七问分为二问,称十句。一行引善无畏的话说,从此以后迄至经终,皆是如来酬九问之意广分别说。但并不按顺序依次而说,或后问先答,文无定准,或又转生疑问,以尽支流。

第二段分三小部分,第一部分即"如是说已"之后诸偈颂,主要回答第一、二问。第二部分从"秘密主,无始生死愚童凡夫"至"希求顺理解脱",回答第三问,说三十种外道之违理之心。第三部分从"秘密主,愚童凡夫犹如羝羊"至第二段末,继续回答第三问,说顺世八心。

第一部分中头两句赞叹金刚手,后四句赞叹经中所说之法。"越百六十心"等四句回答第一问,"无量如虚空"等六句回答第二问,最后两句说初发心之处所起始。

第二部分举出三十种外道的观点,实指以万物有灵思想为基础的原始宗教和信仰,以及由此进一步发展而来的多神教及一神教等有神论宗教,其共同的一个特征是违背因果规律,不知前因后果的客观联系,不能观察认识灵魂、神祇虚幻不实的本性。

第三部分说递进相续而生的顺世八心，如以善恶来划分，三十种外道之见是恶心，亦即消极的心理和认识，顺世八心是善心，亦即是积极的心理和认识，因为这八种心理和认识是顺应因果规律，知道前因后果的必然关系，知道善恶受报的道理，但深浅程度不同，故有八种相次递生的认识。其中第八心亦可分为二心，婴童心之外有殊胜心，即择而从善之心，殊胜心又可分出决定心，即证得一般空理之心。故《疏》作十心。

又第八心中举出自在天等外道，并以此无畏依婴童心为世间最高的认识层次，这岂不与上部分中所举之外道见被视为邪见相矛盾吗？其实两者并不矛盾，如《疏》所说，前者不识因果关系而盲目崇拜，认为这世界就是由自在天所造，而后者已认识到因果关系，知道善恶受报，归依自在天外道，修行善业，想以此从生死流转中得到解脱，故同是自在天外道但认识却不一样。

第三段分两小部分，前一部分自段首至"凡百六十心"，回答第四问心相句；第二部分自"越世间三妄执"至段末，回答第九问殊胜心句。心相共一百六十心，在此举出其中六十心。这六十心相是在修行中产生的各种不正确的心理现象和认识。其产生的原因，或者是修行者本性所致，或者是积习太深，或者是用心不专。其出现的方式，或者同时杂起，或者相次而生，故须随时留心观察，加以克服和制止。《疏》中指出了对每一种心理现象加以对治的办法。后一部分说殊胜心，也就是出世间心，实指佛教的认识。先说违世八心，也就是声闻、缘觉二乘的认识，实际上指原始佛教和部派佛教阶段的认识。

所谓违世八心，是指与世间的认识，包括佛教以外的、世俗的，或宗教的各种认识相背离的认识，或者说是对世界的有神论的认识相对立的无神论的认识。这八种认识也同前一大段一样有相续胜进的层次关系，一层比一层高，但总称之为出世间心。

其次说大乘有宗的认识，即无自性心。再次说大乘空宗的认识，即极无自性心。而此诸认识，每一心又有十心。此三心与三劫相对应，出世间心生即超越一劫瑜祇行，无自性心生即超越二劫瑜祇行，极无自性心生即超越三劫瑜祇行。超越三劫即度信解地，升住第十地。在此需要注意的是一行在《疏》卷三所说的："此经宗横统一切佛教，如说唯蕴无我、出世间心住于蕴中，即摄诸部中小乘三藏。如说观蕴阿赖耶，觉自心本不生，即摄诸经八识、三无性义。如说极无自性心、十缘生句，即摄《华严》《般若》种种不思议境界，皆入其中。如说如实知自心，名一切种智，则佛性一乘如来秘藏，皆入其中。于种种圣言，无不统其精要。"这是一行以此段经文为基础，综合全文意思而作出的教相判释，但经文本意不在于判教，而在于说明佛教内部小乘、大乘诸派不同程度的认识。

第四段分两小部分，前一部分说六无畏，也是继续回答心续生之相，说在各个认识阶段得到的不同的解脱，顺世八心阶段得善无畏，违世八心阶段得身无畏、无我无畏、法无畏，无自性心阶段得法无我无畏，极无自性心阶段得一切法自性平等无畏。

后一部分自"秘密主，若真言门"等至段末，说十缘生句，即密乘认识的最高阶段，密教以十喻直接观察认识，了了证知心之实相，即初发心时便以此十喻自证自觉，证自心之清净性，觉佛心之无相无别，此即如实知自心。最后之"应了知大乘句"等六句，可次第相释，次第相生。

第二品分三大段，第一大段自品首至"本位中住而复还入"，为该品序分，第二大段自"时薄伽梵复告执金刚秘密主言"至"世尊，彼善男子善女人同见佛世尊故"，为该品主要部分，讲入漫荼罗法之各个部分。第三大段即品末最后一段，讲坛法行事中的主要真言。

第一大段中首先以金刚手领解上文而赞叹佛说希有法，来简要总括上品所说中心大意，诸佛自证之菩提指摄如实知自心，不思议法界超越心地指摄三句诸心，以种种方便道等指摄所示现的加持境界。其次以设立问答来标明本品所说的主题：大悲胎藏生大漫荼罗王。

上已说修行成佛的道理，知道自心成佛是怎么回事，但如此妙果以什么方法来得到呢？如此境界通过什么途径来达到呢？所以此品接着讲修行的方法，如同已知乳酪中有醍醐性，而以种种性能先进的器具和巧妙有效的技术、方法，加以提取一样必不可少。此品也是回答九问中的第七问修行句。按密教的说法，漫荼罗的修行方法，必须师授才能进行，不可妄自执文而学，否则不但不得成就，反而招致犯戒重罪。没有师授确有许多要领不得掌握。经文中不少行法简繁为略，更有多处地方省略，故传持密典者各有一套行用的密法，如善无畏传持《大日经》，以其《供养次第法》作为补充，并有不少不见之于文的行法，一行据其口传一一书之于《疏》中，因之密教非常重视师传，不是入室弟子不得其密法要领。

又漫荼罗行法中，一举一动、一印一言、一具一物，都有其特定的含义，行与思、体与相，都要并举齐用，相辅而行，这也就是一行浅深两释的原因所在。

再次以佛证入三摩地瑜伽而示现大悲胎藏生大漫荼罗境界，来使从中领悟到漫荼罗所体现的意义，如渐次证入大悲藏发生三摩地中，观悟如何次第修行。初无畏时以声字观修漫荼罗行，第二无畏时于有相观中修行漫荼罗行，第三无畏于唯蕴无我心中修漫荼罗行，第四无畏于法缘心中修行漫荼罗行，第五无畏于无缘心中修行漫荼罗行，第六无畏于平等心中修行漫荼罗行，离垢地以去各于自观心中修行漫荼罗行。并领悟以一切心为一心，一切门为一门，或以一心为一切心，一门为一切门。如世尊一切支分皆悉如来之身，从中领悟如来与众生其心平等，无胜劣之相。再如从遍至十方中领悟一切方便，毕竟同归，佛道各有不同，而归趣是一，如千江万河流趣各异，而终归大海。

第二大段分六小段，第一段自"时薄伽梵复告执金刚秘密主言"至第五自然段"彼阿阇梨以净香水授与令饮彼心清净故"，为阿阇梨支分。第二段自"尔时执金刚秘密主以偈问佛"，至第九自然段"于彼厢卫中，当建大护者"，为造立漫荼罗支分。第三段自"略说三摩地，一心住于缘"至第十二自然段"行者谛思维当得不坏句"，为三昧支分。第四段自"尔时执金刚秘密主白佛言"至第十三自然段"诸余大有情一一皆献之"，为供养支分。第五段自"如是修供养"至第二大段末段前"所作随教行，勿生疑虑心"，为加持教授及护摩支分。第六段即第二大段最后一段长句，为入大悲藏功德支分。

第一段阿阇梨支分中大分为二，自段首至"诸佛菩萨之所称赞"，为阿阇梨小支分，说漫荼罗行法中对阿阇梨的各方面的要求和标准。自"复次秘密主彼阿阇梨若见众生堪为法器"至第一段末，为摄受弟子支分；其中自段首至"方便作成就当获萨婆若"，为摄受弟子仪式小支分，讲入漫荼罗行法中对弟子的要求和标准，以及摄受弟子的仪式。此诸行法较简略的，《疏》中予以详释。

　　自"行者悲念心"至"然后治地如其次第当具众德"，为治地支分，说择地治地及造坛择时等法。自"尔时执金刚秘密主头面礼世尊足"，至此段偈颂末"为度彼等故随顺说是法"，说教相与事相的关系，因为在第一品中说诸法实相远离一切诸相，佛住佛位常自寂灭，而此品中又为什么说择地造坛等等有为事相呢？所以此段中通过问答来解释无为教相与有为事相的关系，以解除疑惑。自"秘密主如是所说处所"，至下段偈颂"善哉摩诃萨所画甚微妙"，为图画灌顶坛支分，说造立圆坛、图画圣位、供养持诵等法。自"复次于余日摄受应度人"至第一段末，为摄受建立护持弟子支分，其中首先说所摄受之弟子的条件，及要求和摄受弟子之数。

　　其次说所造漫荼罗的名称、漫荼罗的含义、大悲藏漫荼罗的含义及其意义，以及限制灌顶弟子之数的原因等。再次说护持建立法，测验弟子是否成器，并护持其身心，增发信心。最后说密教戒律，即三世无碍智戒及其受戒仪轨。

第二段一分为三，自段首至偈颂末"略说大悲藏漫荼罗位竟"，为造立漫荼罗支分，先说造立漫荼罗坛，次说漫荼罗图位，共三重十二院。其中第二重据《疏》引善无畏的话说："此中第二是隐语耳，若从中向外，当以释迦牟尼眷属为第三院，今则以毗卢遮那法门眷属为第一，释迦牟尼生身眷属为第三，诸菩萨在悲智之间上求下化，故为第二。所以如此互文者，此是如来密藏，为防诸慢法人不从师受者，变乱经文，故须口传相付也。"（卷五）

按照这一说法，一般以释迦院为第三重。按此胎藏漫荼罗圣位，中胎八叶院九尊，第一重十七尊，其中遍知院三尊、观音院七尊、金刚手院五尊、持明院二尊，第二重二十八尊，其中文殊院七尊、除盖障院九尊、地藏院六尊、虚空藏院六尊，第三重释迦院四十五尊，另金刚手院四使者、文殊院五使者、除盖障院二使者，共一百一十尊。一行《疏》另载入善无畏所传漫荼罗图位，其组织与经相同，而尊位增加了四十三尊。

此外，在密宗中流传的胎藏漫荼罗有《广大仪轨》《摄大仪轨》《玄法仪轨》，都与《疏》所载《阿阇梨所传漫荼罗图位》有些差异。日本入唐僧求取的《胎藏图样》《胎藏旧图样》《现图漫荼罗》等亦稍有差异。

自"尔时执金刚秘密主"至"当得通达真言法"，为漫荼罗功德支分，先说功德，后说赞叹金刚手语。自"尔时执金刚秘密主复白世尊"至第二大段末，补充说明造立漫荼罗中有关色彩、规格、供物诸法。其他入引弟子、灌顶、供养师、护摩等法在第五段中回答，三昧、真言二法即在下段回答。

第三段一分为二，自段首至"如是勤勇者为利众生故"，为三昧支分，说身密之瑜伽观想。先说三昧名义，即一心住于缘，而就广义有有相瑜伽和无相瑜伽两种。次说究竟三昧，由此证得自觉之自心。再说差别三昧，由此来证得不同阶段和不同方面的认识。最后说三昧之功德。自"复次世尊告执金刚秘密主言"至段末，为真言支分，因于此所说亦用于瑜伽观相来证悟其义，故置于三昧支分中。

先说如来真言通相及其功用，次说真言别相及其不同功用，再说真言实相，再后说真言教相，即相不异体、体不异相的真言教法。此中说字门观，以阿字为法教之本、真言之母，其他字门展转相释，而总归阿字本不生义。最后说真言功德。

第四段为供养支分，先说献花，次说涂香，再说供食、灯明、宝瓶等。

第五段自"如是修供养，次引应度者"至"住彼随法教，而作众事业"，为引弟子支分，回答前问如何引弟子。

自"如是令弟子远离于诸过"至以下寂灾之真言，为护摩支分。自"行者护摩竟"至此段偈末"而施现前僧"，为供养师支分，亦属加持教授支分。按密教的解释，阿阇梨让弟子供养施舍，并非贪着财物而索取，是为了使弟子发生善根、成就灌顶功德。如果弟子能以内外所有资财，为求大事因缘而无所悭惜，诚心奉献于传法之人，则能摧坏无量宿障，消除疑悔心理，内心平静、灌顶去垢即能起作用，并以此因缘能为众生遍施正法财宝。自"尔时毗卢遮那世尊"至此段偈末"忽生疑虑心"，为灌顶支分，亦属加持教授分。

此中最后诸句说三昧耶戒，共四戒：一、不应舍正法，二、不应舍离菩提心，三、不应悭惜一切法（不惜正法，观机惠施），四、勿于一切众生作不饶益行。此四三昧耶戒被视为密教的戒律，为密教一切行事的根本。《疏》说："此四夷戒是真言乘命根，亦是正法命根，若破坏者，于秘密藏中犹如死尸，虽具修种种功德行，不久败坏也。"（卷九）

第六段自"尔时金刚手白佛言"至"同见佛世尊

故"，为入大悲胎藏漫荼罗功德支分，亦是回答第一品中第六问功德聚一句。

第三大段为行漫荼罗法事时所要用的主要真言支分，以大力大护真言为限前后分为两小段，前段说有如来出世无量广长语轮相，以及出广长舌相遍覆一切佛刹清净法幢高峰等，显示如来语密之藏，因前文已显示如来身密漫荼罗和意密漫荼罗，故于此开示如来普门语密漫荼罗，以使从中领悟真言之意义和功用。此中显示之语密三昧，即三世无比力真言句，为诸真言所出生之处。后段说诸分别真言及其功用。

基本教义

《大日经》为与一般只讲仪轨的密教经典相区别，精心组织了它的教义，构建了一套自己的理论体系。所讲如实知自心，是它的本体论，回答修行什么的问题；所讲因根究竟三句，是它的实践论，回答怎样修行的问题；所讲身语意三密，是它的方法论，回答用什么修行的问题。如果用传统的理论解释，如实知自心是体，三句是相，三密是用。

《大日经》的本体论是从心性论的角度讲缘起的，所以说如实知自心就是菩提、就是一切智智、就是诸法实相、就是心实相。《大日经》认为觉悟成佛就是完全真实地认识和证知众生自己的心，就是自心自觉、自心自证，就是心自证心、心自觉心，如实地证知自心，就是佛，不能如实地证知自心，就是众生，佛与众生在本质上是没有什么区别的，区别在于是否如实证知了自心。

《大日经》认为没有什么东西可以超出人的认识之外，世界上的一切事物和现象都包罗在心之内，但这个认识、这个心并不完全是一般意义上的认识和心，如果把本来无分别的心一分为二，那么人们一般的认识就是心之相，心的一种显现和表象。人们超越的认识，只有自己亲自体证、觉悟才能达到的认识，就是心之体、心之性，在这里需要注意的是，所谓心之体、心之性，是就与心之相的同一性、无分别性而说的，并不是另有一种异己的、脱离心相的、玄之又玄的存在，否则强调自心就没有意义了。前者称之为心相，或者识心，后者可称之为心体、心性，或者净心、菩提心。二者既对立又统一。

净心的总的特性（所谓特性是就识心而言，实际上是指事物的共性）是清净，而清净的含义，就事物的不同性和差别性来说，一是无相，就是说净心没有任何可以让人的感官所能感知和认识的相状，也就是说不与任何一种事物和现象相同。包括能够感知和认识客观对象的感官，被感官所能感觉和认识的客观世界，以及二者之间发生作用而产生的感觉和认识，也包括这三者的形体、颜色、性质（一般所认为的性质，在佛教看来也不过是一种相状），以及存在的方式等等。如果为了使人明白而勉强作个比喻的话，就像空间一样，广大而没有边际，深厚而没有高下，普遍而无处所可言，寂静而无运动变化可言。故净心之无相是超越的、绝对的。

就事物的同一性和统一性来说，二是无分别，就是说二而不二，是唯一的存在，其中没有主体，也没有客体，没有规定之性，也没有显现之相，反言之，主客为一，性相为一，这个一就是最高的存在。如世界万物都有所依托而存在，人依托于地而存在，地依托于气和宇宙引力而存在，气和力依托于空间而存在，但空间依托谁呢？空间没有依托，所以净心是唯一的存在，是终极的存在。

然而除去宇宙万象，空间又何以成空间呢？当然没有脱离万象的空间，所以净心的存在是同识心的存在相一致，根本上来说二者无有分别，二而不二，于业烦恼解脱，而业烦恼具依，生死即是涅槃，涅槃即是生死，般若即是方便，方便即是般若，自心即是佛心，佛心即是自心。

就事物的缘起或本原来说，三是本不生，就是说任何事物和现象都是依一定的因缘条件而生成变灭，因而都没有自己的规定性，其存在是暂时的、相对的，受其他事物的规定和支配，而其他事物又由别的事物规定，别的事物又由另外的事物规定，如此展转相生，往复无穷，而究极之处即是不生之际，不生之际就是净心止住之地，所以本不生就是因缘而生之本、之原，净心是识心之本原。

由此三方面来看，净心不动不移，永恒常任，清净无为，它的存在是不依人的意志为转移的，但与你同在，与你共住，只要如实地认识了自己，如实地证知了自心，就是证悟到了最高的存在，具有了最高的智慧，虽处生死即住涅槃，虽是众生而为佛陀。净心不是因缘所生之法，但要认识它是不能没有因缘的。净心是超越一切事物和现象的，但要证知它必须从具体的事物和现象开始，所以认识了识心、证知了心相，就是最终认识和证知了净心。净心的认识和证知，是与识心的认识和证知是一致的，说菩提就是如实知自心，其道理也在于此。

心相或识心包括人的感觉和认识，以及感知认识的对象、产生感知的感官本身等，因为在佛教看来，世界上没有一样东西独立于人的认识范围之外的，凡是能够感触、觉知、认识、推测、想象、体验的东西都包括在人的认识范围之内，即众生自心之内，如果有一样东西不可推测想象，不可感觉体证，无法加以思维和谈论，其存在也就没有意义了，所以佛教不是取消客观存在的物质世界，而是把它纳入人的认识，即心的范围之内，为精神现象中的一部分。

《大日经》中的心相，在广义上也是指认识及认识所及的一切存在，而认识佛心，正是认识心相，层层深入，直达源底，所以对心相的认识过程也就是对心性的认识过程。那么，怎样才能认识心相，层层深入而直达佛心源底呢？这就要首先知道人们对心相最初的认识是怎样发生的，由此懂得如何开发自己的善业种子，并使认识初步提高，其次不断排除各种错误的思想和不正确的心理，使自己的认识由浅入深，最后便推陈出新，得出正确的认识，明见净菩提心。

《大日经》认为人们最初不懂得事物的因果关系，相信万物都有灵魂，相信世界是由神或某一种物质和现象支配着，这种认识把一些子虚乌有，和有名无实的东西当作真实的存在，因而分别出种种之实在（我），他们不能观察认识各自所谓的实在的本性，于是就有了我、我所的分别，有了神和人的对立，实在和万物的对立，这种认识便是最愚昧无知的违理之心。

后来人们逐步认识到因果关系，知道善恶受报的道理，并由此来约束自己的行为，持斋修善，及至归依三宝，这是顺理之心，此心因认识深浅不同，善业增长之不同，而有次第八心。如同树木先由种子生芽，然后长茎、出叶、开花、结果，及至得受用种子，无畏依婴童心，称顺理八心，或顺世八心。要认识心相，证知自心，首先就要从此开始，认识到善恶因果关系。

　　其次要对治由贪、瞋、痴、慢、疑五根本烦恼，以及由此而引起的六十种，及至一百六十种不正确的心理现象和错误认识。认识到一切事物和现象只有假合的五蕴，而没有独立实在的主体，也认识到十二因缘的道理，这种认识就是出世间心。其中又因深浅之不同，而有唯蕴无我、根境界淹留修行、拔业烦恼株杌、无明种子、生十二因缘、离建立宗等八种不同的认识，称之为违世八心。

　　再次又摆脱违顺八心等肤浅的认识，更进一步认识到聚合成事物的五蕴等因缘，也都是由别的因缘聚合而成，不但人无自体，而且任何事物和现象，也都没有永恒实在的自体，知三界唯心，心外更无一法，而心亦无自性，觉自心本不生，这就是无自性心。其后又进一步认识到自心本不生际的那个境界也是不实在的，不但认识到人们认为是实在的东西不实在，也认识人所认为的不实在的东西也不实在，双离有为无为界，总之要完全摆脱借助感官和思维而进行认识的范畴，这种认识称之为极无自性心。

最后更以幻、阳焰、梦、影、干闼婆城、响、水月、浮泡、虚空华、旋火轮等十喻，直接观察一切事物和现象，知其无不从缘而起，认识到心之实性，没有一法可以显示，让人以思维语言加以表达，亦不可传授于人，只能自证自悟，了了证悟到心相即是心性，自心即佛心，生死即是涅槃，诸法即是实相，二者之间并无界限，这种认识称之为如实知自心。

所以如实知自心。完全彻底的证知菩提净心，要认识以上六大心相，而从认识因果规律开始，经过五种由浅入深的认识阶段。当然这六种心相或五种认识阶段，并不是必须要经过的，只要了解和认识了它，就可以十缘生句直接观察世界一切事物和现象，从中自然证悟到自心实相。

因根究竟三句，即菩提心为因，大悲为根，方便为究竟，这是《大日经》所说的修行理论，是它的实践论。菩提心为因，是讲修行成佛的可能性，亦即内在根据和外在原因。大悲为根，是讲修行成佛的条件和基础。方便为究竟，是讲修行成佛的方法和结果。这三句也称为因行果三句。

《大日经》认为众生与佛在本质上是没有区别的，众生自心即是佛心，因而每个众生都有着成佛的可能性，每个众生都可以成佛。凡是要修行成佛，获得最高智慧的众生，首先就要认识到这个道理，上面所讲的如实知自心，可以说其中讲的都是这个道理，因为懂得了这个道理，就能产生内在的动力，对自己的事业产生深信力，树立起坚定的信念，佛法大海，信为能入，信心是获得成功的前提，是修行成佛的外在原因。

　　说菩提心为因，菩提心，一是指众生内在具有的净菩提心，二是指发意志求菩提的信心。而此信心由认识到自己本来具有的净菩提心而产生，一旦产生了志求菩提的信心，也就有了可以生根发芽的菩提心种子。

　　然而怎样使菩提心种子生根发芽及至不断增长呢？这就是第二句要回答的问题，而主要指大慈大悲两方面。大悲为根，大悲即大悲万行，包括各方面的修行行为和活动，大慈犹如给种子及其植株以适宜的水分、温度、光照、空气、养分等，大悲犹如给种子及其植株，除去影响它生长的杂草、病虫之害，只有这两方便的条件才使种子正常生根发芽，苗壮成长。

　　同样修行者一方面要积极进取，普为一切众生施善与乐，另一方面要以勇猛无畏的精神，拔除众生的一切苦难，消灭一切烦恼障碍。大慈与大悲相辅而行，才能具足菩提种子逐渐增长及最终成就佛果的种种因缘条件。《大日经》所讲的大悲胎藏生大漫荼罗修行法，都包含在大悲句中。有了各方面的条件和基础，就等于有一条宽敞的大道到达终点，还不是终点本身，如何迅速地到达终点，是乘神通而达呢？还是乘羊乘马而达？这还需要选择。

所以第三句说方便为究竟，只有借助高明的技巧和有效的方法，最终才能到达究竟之地，这里就需要权宜，应物之权才能究尽能事，开权才能显实，没有方便之船就不能越度心相大海、到达心性彼岸，有了方便就等于到达究竟之地。《大日经》所讲身语意三密就包含在方便这一句中，三密就是密教特有的神通方便，是如实证知自心的快捷方式。

因根究竟三句是个有机的整体，互相联系在一起，菩提净心犹如含藏在矿石中的真金，本性明洁，不被侵蚀损耗。大悲犹如以种种药物冶炼，除去矿石杂质，以至使真金明净柔软，伸屈自在，方便犹如巧艺成就，要想造成什么形状，就可以造出什么形状，随意皆成。

身语意三密是《大日经》所讲的最基本的修行方法，故称所讲之法为身语意平等句法门，一行《疏》也认为身语意三密平等法门为该经之大意。但三密一语，并不见于《大日经》的文字中，始见于善无畏的《大日经供养法次第法》，而一行《疏》根据经意作了阐发，说："入真言略有三事：一者身密门，二者语密门，三者意密门。"

三密有众生修行之方便三密，有如来平等之三密，众生方便之三密，即是手结印契为身密，口诵真言为语密，心观本尊为意密。"身密者，即是诸印，如四重大漫荼罗一一本尊各有密印，若观此身印，即知此尊所表秘密之德，随类上中下差别有无量种也。语密者即是诸尊所有真言，闻此真言，即知此尊内证之德也。意密者即是本尊瑜伽之观，亦随四重方位各各不同。"（《疏》卷十四）

如来三密，即是如来清净三业，身等于语，语等于意，三无差别，这是如来平等三密。如来又有加持三密，即身加持之密印，语加持之真言，意加持之妙观。但广而言之，如来所现一切威仪举止，都是密印，所闻一切音声语言，都是真言，所见一切本尊境界，都是瑜伽妙观。

按《疏》的阐发，众生如能以三密方便，于漫荼罗行中加以修行，自净三业，即为如来三密之所加持，乃至于此生中修满十地，相应成佛，不再经历劫数。众生在修行中以此三密为方便门径，如来即以身平等之密印、语平等之真言、心平等之妙观，可使众生远见如来加持受用身，而从此加持受用身即可证悟修行者自己平等智身，亦即证悟自身与佛身本尊一体无二，丝毫无别，故一行《疏》说住此密乘者，以不行而行，以不到而到，实无能入者，无所入处，以无所住而住其心。

《大日经》与其他密典相同，主要也是讲修行的密法，密法是经文的重心所在，其实这也是所有密教经典的特点，躬行实践、注重修行，是密教与其他各派相区别的一个地方。密教经典各有自己的密法体系和密法理论，《大日经》的密法称之为胎藏界、胎藏界漫荼罗，全称大悲胎藏生大漫荼罗王。

大悲，即大悲万行、种种修行。胎藏，喻众生自心中含藏有菩提净心之种子，如同母胎中含藏之孕体，凡所发育成熟之胎儿肢体器官均于此中具备无遗。生，即发生。漫荼罗，有轮圆具足、万德聚集、醇净无上之义。王，即最高最上之义。

大悲胎藏生大漫荼罗王全句意思，即众生自心本具的菩提心种子，以大悲万行之所含藏养育，以三密方便之巧艺，终至发生圆满无上之菩提佛果。全句表示胎藏密法修行的原理。

胎藏漫荼罗的组织结构是中胎三重十二院，中胎为如来菩提自证之德所现之八叶中胎藏身（五佛四菩萨）。第一重为佛之金刚密印所现之金刚手等诸内眷属。第二重自佛大悲万行所现之大菩萨诸大眷属。第三重从佛普门方便所现之一切众生喜见随类之身。如衍略为广，从中胎一一门各流出第一重种种门，从第一重一一门，各流出第二重种种门，从第二重二门，各流出第三重种种门，如此旋转无穷，遍满宇宙。三重十二院摄广为略。

略评

《大日经》是秘密佛教中颇具典型的一部代表性经典，密教的理论体系和密法体系至此才算完全形成，它标志着一个旧时期——怛特罗式密教或陀罗尼密教时期的结束，也标志着一个新的时期——秘密佛教时期的到来。而就佛教发展的历史而言，至此密教已摆脱了对大乘佛教的依附，走上了独立发展的道路，从此佛教也进入了它的第三个发展时期，即秘密佛教时期。然而这样一部具有标志性的经典，它究竟表现了一种什么样的新时代思潮呢？究竟反映了一种什么样的新的佛教精神？展示了一种什么样新的文化背景呢？这些需要进行广泛的探讨，而现在就简单说明之。

《大日经》在总体上有一种肯定人、肯定现实世界的思想倾向，这是隐含在它的主题"如实知自心"之中的真正的意思。正如经中分析的那样，最初的人相信灵魂鬼神的存在，后来虽然已渐识因果关系，知道善恶受报，也认识到因缘关系，但仍然摆脱不了有一种事物主体存在这样一种认识的思想束缚。大乘佛教谈空说有，声称人法俱空，但又把人们的注意力引向那玄之又玄，可望而不可即的地方，并为此而喋喋不休的论争，结果仍然否定不了有一种与个人无关的异己的东西存在。

而《大日经》却一反传统把那个玄之又玄的实在，一下子拉回到人的现实世界之中，说觉悟就是如实知自心，把肯定现实的意思，直截了当地点明在它的论题上。所谓"自"，就是众生自己，也就是人；所谓"心"，就是包括菩提净心在内的一切心相，也就是现实世界，自心即肯定了人和现实世界。当然，对什么是自心也进行了论证，但最后的结果呢？还是回到了现实中的众生自心，凡是人们以为是实在而去追求的一切都不过是幻象，只有认识众生自心，遍知一切心相，才能觉悟，真理只有在现实中才能找到，完全透彻地认识了现实世界，也就是认识了最高真理。生死与涅槃之间、众生与佛之间、世间与出世间之间，二而不二，"二"是一种表象，"不二"才是实质所在。

当然，我们说它肯定人和现实世界，只是说它承认人和现实世界的存在，注意到认识和寻求真理不能脱离现实，现实世界和超现实世界是一体不二的，众生和佛在本质上是没有分别的，不是说凡是现实的存在都是真实而合理的，所以说要如实证知。

《大日经》的这种肯定现实的思想，是六世纪以来印度佛教中出现的一股新的佛学思潮、新的佛教精神。它的出现并不是偶然的，是与当时大乘佛教的发展状况有直接关系。大乘一开始是以改革的面目出现的，不论在思想上还是在修行实践上都倡导佛教的大众化，力求适应社会的发展变化，因而得到了很大的发展。但是，后来逐渐地丧失了积极进取的精神，变得越发保守起来，它的佛学走向烦琐的经院哲学的死胡同，它的活动也只局限在寺院的高墙深院之内，失去了广大的信众，失去了对社会的影响。

密教正是在大乘佛教颓废衰败之际应运而生，力图挽救正在走向灭亡的大乘佛教，于是突破传统的束缚，倡导佛学要面对现实，回到广大众生之中，佛教的修行也要采取众生喜闻乐见的方法，《大日经》提出如实证知众生自心的思想，正是那个时代兴起的新的佛学思潮、新的佛教精神的反映。

与以上思想相关，《大日经》的另一个思想特点，是它新的佛身论中人类思想的整体性和统一性的思想。大乘佛教也强调佛说的统一性，承认每一部大小乘经典都是佛说，但也仅此而已，即使《法华经》"会三归一"，也不过在三乘范围之内。

而《大日经》则大胆地提出人类所有思想学说都是佛说，人类各种宗教的、哲学的、世俗的学说，归根结底说的都是同一个道理，说法身佛大日如来，以其加持身现作种种身，根据众生不同的情趣爱好、性质类别，设立种种不同的方便道，说种种不同的学说和思想。

如果有的众生信仰佛教，就现作佛身，说声闻道，或缘觉道，或大乘道；如有的众生相信梵天，就现作梵天身，说梵天之道；如有的众生喜欢世俗的学说，就现作大论师或大学问家说世俗的一套道理；有的众生说梵语，就以梵语来演说；有的众生说胡语，则以胡语演说；有的众生注重效仿，则以种种行动去示范，加以引导。而这一切无论说法如何的不同，而讲的实际道理完全相同。如同天南地北的海水，都是同一个咸味一样。这种思想把佛说的范围从佛教推向其他宗教，以及世俗的学说，直至所有的人类思想和学说，肯定了人类思想的共同性和在本质上的统一性。把各种宗教和世俗的不同学说的差别性，只局限在深浅之不同、快慢之相异。

这种强调世界的整体性和人类思想的统一性的思想，也与当时的大乘佛教各派门户之见日益深重的情况，形成鲜明的对照，足以说明它所面对的是一个纷呈斑斓的现实世界，在试图调和各教各派的用意中更见其视野的宽广。

《大日经》本身是个多元文化、多种思想汇融的产物，它对当时印度各派各教的思想阐述地非常清楚明晰，文中曾提到三四种派别的名称和观点，因此它提出这种意在调和内外各教的思想是必然的。而更多的原因可能与当时的印度，以及西域诸地各种文化的融合，各种民族的交往、各种思想学说的相互影响等等，也与大乘佛教日趋孤立的形势有关系。

总之，这种思想所带来的影响是积极的，它缓和了佛教与各宗教，及世俗派别长期对立矛盾的状况，由此赢得更多的信众和社会的支持。后来密教得到波罗王朝的扶持，与密教走向大众、走向现实社会的思想不无关系，当然这样一来，佛教也渐渐失去了自己的特点，终至在印度消亡。

《大日经》在修行的方法上也是很特别的，尤其与传统的佛教截然不同。它的密法思想和修行方法，主要承袭了事部密教，同时大量吸收印度教和民间信仰，尤其怛特罗传统的内容，以此组织了新的体系。在此之前坛法、印契、火供、真言等法非常兴盛，尤其真言咒语是最主要的修行方法，而瑜伽观想至《大日经》才被大量引入密法的修行之中，于是有了三密方便之说，后来金刚乘密教更加注重瑜伽观想，称其经典为瑜伽经，称其教法为瑜伽密教。

《大日经》及其密教的三密修法和漫荼罗行法，表现了浓厚的神秘主义色彩和象征主义色彩，而这也构成了独特的密教文化。《大日经》之前的密教，已经把它的修行象征化，每一句真言，每一个手印，每一个动作和器具，以及用语，都有特定的含义。而《大日经》及其以后更把密教所有的事相高度结构化、信息化、程序化，一种密法就等于是个信息系统，如果把胎藏法看作一部计算机，《大日经》就把是佛教的信息变成密码而输入进去了。

在漫荼罗行事中一举一动、一言一印、一具一物，都高度信息化了，阿阇梨与弟子之间完全以密码的形式传递信息，凡事都须相应，真言、印契、方位、色调、度量、供养物，都要以本尊或所行法相应。密教何以采用这种修行方法，它的实际意义是什么，其功用如何，它是在一种什么样的文化背景下形成的，这都需要认真的研究。瑜伽修行所产生的效力已被人们所认识，而真言是否也有一种声波的效用呢？这些都需要以现代科学的方法加以研究，才能作出正确的评价。

附 录

大毗卢遮那成佛神变加持经序

太子内率府胄承军事清河崔牧述

我本师内澄寂场，光宅忍界，乘一如而利见，苞法化以冥周，权实两行，普门无极，秘用之妙，孰测其幽致哉！《昆卢遮那神力加持经》者，盖诸佛不思议境界，深密妙用之灵府也。

大本十万颂，梵方秘而密藏，今所译者昔北天竺国界内有一小国，号为勃噜罗，其国城北有大石山，壁立千云，悬崖万丈，于其半腹有藏秘法之窟，每年七月即有众圣集中，复有猿猴持经出晒，既当晴朗，仿佛见之，将升无阶，似观云雁。属暴风忽至，乃吹一梵夹下来，时采樵人辄遂收得，睹此奇特，便即奉献于王，王既受之，得未曾有。

至其日暮，有大猿猴来索此经，斯须未还，乃欲殒身自害。善巧方便，殷勤再三云，经夹即还，但欲求写，见王词恳，遂许通融云，且为向前受摄三日，即来却取。王乃分众缮写，及限却还。王唯太子相传，其本不流于外。

近有中天大瑜伽阿阇梨远涉山河，寻求秘宝，时王睹阇梨有异，欣然传授。此经以其旨趣幽玄，卒难精核，乃与诸圣者简繁摘要，集为二千五百颂。自法轮东流，满珠毕备，此经宗旨秘而未传。其教也，理蕴于词，意绝文外，若不从师受，学无得迹，逮其门苟非其人，制妄传授，未经灌顶，禁其辄开。

凡进修行道者，非唯迷复稠林，抑有魔邪斳绕，所以望涂整驾，脱轮中达，故如来运神力以密封，加秘印以保绥。又以幽绪难寻，假真言以道引，玄契绝代，寄字母以悟之，事理表筌，无非实相，即融返照，皆为行门。窥其邃者心凝于妙境，惑障不得梗其神，智印于无行，魔邪不能动其行，故得安步于佛地，贞嬉乎道场，凡有学从，功省而易就者也，若异斯观，未之或知。

有中天竺三藏厥号善无畏，洞达七藏，全明总持，德洽西域，化流殊方，研服此经，深穷奥旨。中宗孝和皇帝承风迎请，至开元丁巳岁三藏乃持梵秘典，杖锡来仪，时朝野翕然，咸从请益。

爰有大禅师一行智络群籍，神凝大方，掘灵珠以动时，秉虚镜而藻物。属开元神武皇帝致问道之礼，屈宴黄阁，圣敬日深，禅师以三藏怀宝远来，受诏咨禀，因请宣译。

沙门宝月雅妙梵言，精诣至理，三藏临文诚惧，每章三复。然先代名贤传译者众，或文华而意近，或词拙而义微，意近则滞于常习，义微则玄旨难晓。禅师存实去华，令质文有体，译为六卷。

又别译《供养次第法》一卷。重请三藏和上敷畅厥义，随录撰为《记释》十四卷。又三藏和上躬亲粉绘乎《起圣众极图》一卷，兼《地契及手印图》一卷，《都集漫荼罗图》一铺，词旨深简，分析源流，幽赞之功靡究于此。

故今如说修习者，扇玄风而遐举，钦玩其味者，漱灵津以洗心，非夫深解圆位，积功智地，孰能希夷于旨隆，矫翰于寥廓哉！于时岁次戊辰开元十六年也。

毗卢遮那成佛神变加持经义释序

释温古

持明藏宗分条流，传译久矣，世之学者多存有相，罕契中道，其瑜伽行法隐而未明。夫法流不通，弘道者之忧也。此《毘卢遮那经》，乃秘藏圆宗，深入实相，为众教之源尔。

厥有中天竺三藏字输婆迦罗僧诃，唐号善无畏，业该八藏，名冠五天，传受此经，实为宗匠。顷有诏迎之，常为扈从。禅师一行命世之生也，明鉴纵达，智周变通，今上屈之，久宴中掖，具如国史所载。闻三藏蕴法宝之囊，思起予之请，承诏与三藏译出此经，仍为笔受。译语比丘宝月练诸教相，善解方言。非禅师不能扣其幽关，非三藏莫能扬其至赜。

此中具明三乘学处及最上乘持明行法，欲令学者知世间相性自无生故，因寄有为，广示无相，一一推核，目尽法界缘起耳。当知无量事迹，所有文言，结会指归，无非秘密之藏者也，分为三十一品。尚虑持诵者守文失意，禅师又请三藏解释其义，随而录之，无言不穷，无法不尽，举浅秘两释，会众经微言，支分有疑，重经搜决，事法图位，具列其后，次文删补，目为《义释》，勒成十四卷。

以梵文有一二重缺，纤芥纡回，开元十五季禅师没化，都释门威仪智俨法师与禅师同受业于无畏，又闲梵语，禅师且死之日属仗法师，求诸梵本，再请三藏详之，法师阒其文墨，访本未获之顷，而三藏弃世，咨询无所。痛哉！禅师临终叹此经幽宗未及宣衍，有所遗恨，良时难会信矣。

夫经中文有隐伏，前后相明，事理互陈，是佛方便，若不师授，未寻《义释》，而游入其门者未之有矣。温古尝接诸贤末肆，预闻此经，至于绝待妙行，非敢窥测，不揆愚昧，注心归仰辄目，疏拙之思，叙其本末焉。

大毗卢遮那成佛神变加持经义释演密钞序

燕京圆福寺崇禄大夫检校太保行

崇禄卿总秘大师赐紫沙门觉苑撰

恭闻皇觉垂形，俨十身于藏刹，微言著范，轶五驾于殊途。或有众生睹佛威仪而得度者，或有众生闻佛音声而得度者，谅根器以成差，遂影响而亦异，然利有攸往，功不唐捐。

若夫理包性相，义贯浅深，为八藏之泉源，作一乘之铃键，独标圆密，回出余宗者，则《大毗卢遮那成佛神变加持经》，其大矣哉！斯经乃总持之润府，法界之灵宫，金刚手方可探其赜，莲华眼始能窥其奥，顿超位地，譬之以神通，速离缠疴，喻之以咒术。

加以入金刚界，启菩提心，升金刚座，绍菩提种。护摩设祭，大自在事火异其宗，浇顶施仪，色究竟受职方其躅。不入曼荼罗，不依阿阇梨，则不得入其手。自无畏三藏翻译之后，禅师一行义释以还，绵历岁时，声光沦坠，非遘昌期，孰能极此！

今我天佑皇帝睿文冠古，英武超今，十善治民，五常训物。博综儒经，有诗赋碑记之制，锦烂华明，允彰乎教化。尤精释典，有赞序疏章之作，山辉川媚，聿在乎修行。于兹邃旨，夙促宸怀，爰命琐才，俾宣秘咒。因咸雍初提总中京大夫庆寺，属以时缘，再兴未肆，乃有副留守守卫尉卿陇西牛铉、守司空悟玄通圆大师弼公、泊僧首紫褐师德百有余人同致书曰：“伏闻‘毗卢’大教，旨趣宏深，疏诠妙赜，早已著其菁华，钞解至玄，尚未辟于阃域，傥纳勤诚，愿闻可尔。”

尝其虽从削简，未暇操觚，越大康三年忽降纶旨，今进《神变经疏》钞科，则密教司南时至矣。于是，敬酬圣泽，兼副舆情，强摘群诠，谬成斯解，目之曰《演密钞》。会于前冬诏赴行在，面奉进呈，敕令雕印。坠典斯兴，仁王之力也。觉苑智亏宿种，见匪生知，徒然爝火之明，曷益曦轮之照，庶俾来者，共践玄涯尔。

大毗卢遮那成佛神变加持经义释演密钞引文

朝议大夫行起居即充干文阁待制史馆修撰
骑都尉赐紫金鱼袋臣赵孝严奉敕撰

大哉！如来之教也，有显有密。所谓显者，五性三乘是也；所谓密者，总持秘藏是也。

若夫圆修万行，具证十身，顿了一法界心，直超三无数劫，此乃神变加持之力，不可思议也，故昆卢遮那佛亲为口说，金刚秘密主次传心印，玄之又玄，秘之甚秘。

粤从唐代有三藏善无畏者，自中天来持以梵本，与禅师一行受诏同译。其理甚深，尚难趣入，乃请无畏再为敷说，一行遂增润其文，号曰《义释》，斯则启明门之关键也。暨我大辽国有三藏摩尼者从西竺至，躬慕圣化，志弘咒典，然广传授未遑论撰，历岁既久，逮今方兴。

伏惟天佑皇帝叡智如神，聪谋出俗，以至公治国，赏罚无私，以大信临人，恩威有济。阅儒籍则畅礼乐诗书之旨，研释典则该性相权实之宗。至教之三十二乘，早赜妙义，杂华之一百千颂，亲制雄词，修观行以精融，入顿乘而邃悟。

肇居储邸，已学梵文，有若生知，殊非性习，通声字之根柢，洞趣证之源流，欲使玄风，兼扶盛世。

时有总秘大师赐紫沙门觉苑，幼攻蚁术，长号鹏者，学赡群经，业专密部，禀摩尼之善诱，穷瑜伽之奥诠，名冠宗师。诏开讲会，最上乘之至理，由此发扬，因集《科文》五卷，通行于世。师自是谈演之暇，乘精运思，复撰成《钞》十卷。文无不周，义无不摄，镜先制之幽隐，烛后学之昏疑，意者近报国恩，远弘佛道。亦既进奏，亟命雕镂，申谕微臣，得述前引。

道安天阔信，侧管以徒为，澄观月高惭，隔谷而莫睹，强摅鄙素，聊赞玄言。

中国密宗有关大日经大事年表

· 公元六世纪初叶

传说《大日经》十万偈广本，在勃噜罗国纂集而成，秘藏于王宫，只有国王传之于太子。

· 公元六世纪中叶

《大日经》流通本，在中印度那烂陀寺编纂而成，随即流传开来。

· 公元七世纪前半叶

达磨鞠多在那烂陀寺传持《大日经》及其胎藏密法，史称其"掌定门之秘钥，佩如来之密印"。

·公元六五六年

善无畏自东印度乌荼国至中印度摩揭陀国受具足戒出家，不久拜那烂陀寺达磨鞠多为师，登坛灌顶，受学《大日经》及其胎藏密法，并广学显密经论，"发三乘之藏，究诸部之宗"。

·公元七世纪后半叶

善无畏游学五印，破除外道，振奋佛教精神，于是"名震五天，尊为称首"。期间至西印犍陀罗国，为国王臣属宣讲《大日经》，因撰《大日经供养次第法》。

·公元六八五年

无行自那烂陀携《大日经》梵夹，行至北印度境内示寂，唐朝即派使前往迎回《大日经》等，收藏于华严寺。

·公元八世纪初年

善无畏前往中国，取道北印，至西突厥境，于宫廷宣讲《大日经》，唐派使者前往玉门关迎接。

·公元七一六年（开元四年）

善无畏到达长安，玄宗礼之以国师，尊之以教主，敕住内道场。

·公元七一七年（开元五年）

一行自荆州征诏至京，拜善无畏为师，登坛灌顶，受学胎藏密法。善无畏移居兴福寺南塔院及西明寺菩提院，开始译经并授徒传法。

·公元七二五年〔开元十三年〕

善无畏、一行随驾洛阳，住大福先寺，译出《大日经》及《供养次第法》，宝月译语，一行笔受，兼删缀词理，润文成书。

·公元七二六—七二七年（开元十四、十五年）

一行著述《大日经疏》，完成初稿。

·公元七二七年（开元十五年）十月八日

一行示寂，年仅四十五岁。

·公元七二八年〔开元十六年〕

崔牧作《大日经序》。

·公元七二九—七三四年（开元十七至二十二年）

善无畏移居圣善寺，新罗妙零寺僧不可思议撰成《大日经供养次第法疏》。

·公元七三五年〔开元二十三年〕十一月七日

善无畏示寂，享龄九十九，僧夏八十。

·公元七三六—七四一年《开元后期》

智俨、温古再治一行《疏》，作《义释》十四卷。
温古作《大日经义释序》。

·公元七六七年（至德二年）

玄超授胎藏法于惠果。

·公元八世纪后半叶

义林传胎藏法于顺晓。

惠果传胎藏法于成都惟上、汴州辨弘、新罗惠日、悟真及青龙寺当院义操、法润等。

·公元八〇五年（贞元二十一年，日本延历二十四年）

空海入唐从惠果受胎藏法。

最澄入唐从顺晓受胎藏法。

·公元九世纪初

空海以高野山为中心授徒传法，建立日本真言宗，倡即身成佛义，十住心判教。

最澄以比数山为中心灌顶授法，建立日本天台宗，《法华》《大日》同传并受。

法全在玄法寺撰集《玄法寺仪轨》、在青龙寺撰集《青龙寺仪轨》。

·公元八三八—八四五年（开成三年至会昌五年）

圆仁入唐求法，从法全受胎藏法。

·公元八五五年（唐大中九年）

圆珍、圆载入唐求法，从青龙寺法全受法，圆珍还从智慧轮受法。后圆珍著《大日经指归》《大日经心目》等，以五时判教，并以《大日经》释《法华经》。

参考书目

1.《华严经》《大正藏》本

2.《胜鬘经》

3.《大乘法界无差别论》 坚慧

4.《大日经疏》 一行

5.《大日经义释》 一行《卍续藏》本

6.《理趣释》 不空

7.《陀罗尼义赞》 不空

8.《大日经义释演密钞》 觉苑 《卍续藏》本

9.《大日经供养法疏》 不可思议

10.《大日经开题》 空海

11.《大日经指归》 圆珍

12.《大日经心目》 圆珍

13.《大日经疏演奥钞》 杲宝

14.《即身成佛义》 空海

15.《辨显密二教论》 空海

16.《秘藏宝钥》 空海

17.《胎藏图像》《大正藏》图像部

18.《胎藏旧图样》

19.《别尊杂记》 心觉

20.《图像抄》

21.《觉禅钞》 觉禅

22.《三国祖师影》

23.《先德图像》 玄澄

24.《高僧像》 观佑

25.《印度佛学源流略讲》 吕澂 上海人民出版社 一九七九年十月

26.《中国佛学源流略讲》 吕澂 中华书局 一九七九年八月

27.《中国佛教史》第三卷 任继愈主编 中国社会科学出版社 一九八八年四月

28《印度佛教史》 多罗那他、张建木汉译本 中国佛协印行 一九八三年 LAMA CHIMPA ALAKA CHATTOPA DHYAYA 英译本 新德里 一九八〇年重版

29.《印度哲学史》 黄心川 商务印书馆

一九八九年

30.《密教大辞典》增订新版

31.《望月佛教大辞典》

32.《中国大百科全书》宗教卷

有关大日经的主要研究论著

1.《关于大日经梵本的起源》 重松俊章 《密教》
五卷二期 一九一五年十月

2.《大日、金刚顶两部大经的制作地方并其作者考》
清水谷恭顺 《佛教学之诸问题》 一九三五年六月

3《有关大日经形成之研究》 酒井真典 高野山出
版社 一九六二年

4.《关于金胎两部大经》 椎田雷斧 《密教》二卷
二期 一九一二年七月

5.《关于大日经真言之原文》 清田寂云 《印度学
佛教学研究》八卷一期 一九六〇年一月

6.《对大日经本文之二三探讨》 月轮贤隆 《中野
教授纪念论文集》 一九六〇年十月

7.《关于执金刚阿利沙偈》 酒井紫朗 《密教研究》
六十八卷 一九三九年一月

8.《关于大日经偈的还原》 足利惇氏 《山口博士

纪念论丛》 一九五五年十一月

9.《大日经之真髓》 高神觉升 《佛教生活》三卷一期 一九三三年一月

10.《大日经题目研究》 金山穆韶 《密教研究》七十五、七十七、七十八卷 一九四三年六月

11.《大日经,住心品私记》上野相宪 《密教》三卷三、四期,四卷一、二、四期,五卷一期 一九一三年十月

12.《大日经·住心品之空观》 田中顺照 《密教文化》五十六卷 一九六四年八月

13.《大日经·住心品之三句之佛教学的解释以及住心品之品号》 长泽实导 《智山学报》八卷一九六三年二月

14.《论大日经三句之法门——以汉藏与梵文本之比较为中心》 酒井紫朗《高野山时报》一五一七卷一九五八年九月

15.《论大日经章节之异同》 越智淳仁 《印度学佛教学研究》二十卷二期 一九七二年三月

16.《关于大日经之秘印品》 酒井真典 《密教文化》五十六卷 一九六一年八月

17.《论汉藏两译大毗卢遮那经之比较》 河口慧海《宗教研究》一卷一期 一九一八年十一月

18.《藏译大日经及注释——汉译第二十七世出世护摩法品到第三十一嘱累品之对照》 月轮贤隆 《密教学》一卷　一九六五年七月

19.《大日经·住心品藏汉对照研究——围绕六无畏》 吉田宏晢 《智山学报》十八卷　一九七〇年三月

20.《百六十心之研究——论大日经·住心品的体系化》 津田真一《丰山学报》十四卷十五期　一九七〇年三月

21.《世间六十心》 酒井紫朗 《密教文化》八十四、八十五卷　一九六八年八、十月

22.《关于大日经之五十字门》（一）（二） 酒井紫朗 《密教文化》五十一、五十七卷　一九六〇年九月、一九六一年十一月

23.《大日经三劫段之研究》 中岛荣知 《智岭新报》一五七——一六三卷　一九一四年三月

24.《大日经教主本宗相传之实义》 自休道人 《密宗学报》八十七卷　一九二〇年九月

25.《关于大日经之教主》 金山穆韶 《密教研究》四十三、四十七——五十卷　一九三一年十二月

26.《论大日经之教主论》 那须政隆 《智山学报》卷一　一九五四年二月

27.《大日经之三句与五转》 小田思水 《密宗学

报》九十、九十二、九十五、九十六卷 一九二〇年十二月

28.《大日经之十喻法门》 金山穆韶 《密教研究》六十八卷 一九三九年一月

29.《大日经所说之教相大要》 金山穆韶 《密教研究》八十一卷 一九四二年五月

30.《论大日经之五大思想》 小野冢几澄 《印度学佛教学研究》六卷二期 一九五八年三月

31.《论大日经所说之戒》 小野冢几澄 《丰山学报》六卷 一九六〇年三月

32.《大日经中之般若探讨》 那须政隆 《干舄博士纪念论文集》 一九六四年六月

33.《大日经三句法门之研究》 佐伯光盛 《新更》特别号三卷 一九三六年十二月

34.《在佛教教学中法华经和大日经的问题》 盐入亮忠 《印度学佛教学研究》二卷一期 一九六三年一月

35.《无行禅师与大日经》 清水谷恭顺 《大正学报》九卷 一九三一年三月

36.《大日经之深信与观经之深信》 吉祥真雄 《密宗学报》十九卷 一九一四年十一月

37.《守护经与大日经之关系》 小野冢几澄 《丰山学报》七卷 一九六一年三月

38.《关于大日经第七卷》小野冢几澄 《印度学佛教学研究》七卷二期 一九五九年三月

39.《关于大日经供养法》 那须政隆 《智山学报》九卷 一九三六年六月

40.《论大日经外篇的秘密品》 酒井紫朗 《密教文化》八十一卷 一九六七年九月

41.《论大日经外篇之念诵法则品》 酒井真典 《密教学会报》九、十卷 一九七一年三月

42.《论大日经外篇之观字庄严灌顶品》 酒井真典 《密教学会报》十一卷 一九七二年二月

43.《藏译大日经外篇——关于如来生大曼荼罗加持品的内容》 田岛隆纯 《大正大学学报》二卷 一九二七年三月

44.《从藏汉对照看大日经·住心品解释中的诸问题》 吉田宏晰 《印度学佛教学研究》十七卷一期 一九六八年十二月

45.《大日经·住心品中心意识的发展——就三劫十地一段而论》 吉田宏哲 《密教文化论集》一九七一年三月

46.《献给研究大日经的人们》 酒井真典 《密教学会报》十二卷 一九七三年二月

47.《藏汉对照和译大日经》 栂尾祥云 《密宗报》

三十二——四十、四十四、四十五、四十七、四十九、五十一、五十三、五十六、六十一卷　一九一六年二月

48.《藏文大日经及语汇》　服部融泰编　二卷　西藏译经出版所　一九一七年

49.《藏汉对译大日经·住心品》　田岛隆纯　新兴社　一九二七年

50.《日译汉藏对照藏文大日经》　那须实秋　《智山学报》　一九五四年二月

51.《藏文日译大日经》　河口慧海　西藏经典出版所　一九三四年

52.《日译西藏传大日经·住心品》　岩鹤密云　《新更》特别号二卷　一九三五年十月

53.《藏文大日经·具缘品日译》　岩鹤密云　《新更》特别号五卷　一九三八年十二月

54.《汉译对照藏文大日经供养法日译》　酒井紫朗　《新更》特别号三卷　一九三六年十二月

55.《藏文大日经供养法日译》　酒井紫朗　《新更》五卷　一九三八年十二月

56.《日译藏文真言名目要略》　酒井紫朗　《密教研究》八十卷　一九四二年二月

57.《藏文毗卢遮那成就法仪轨日译》　松长有庆《密教文化》二十四、二十五合卷　一九五三年十月

58.《关于大日经的身曼荼罗（上）——日译藏文大日经身曼荼罗广释》 酒井真典 《高野山大学论丛》二卷 一九六六年十月

59.《藏文大日经要义日译》 长谷川密云 《密教研密》四十七、四十九卷 一九三二年十二月、一九三三年七月

60.《论大日经所说之四重禁以及十善戒》 加藤精神 《大正学报》二十四、二十五合卷 一九三六年十二月

61.《大日经传入日本考》 田中海应 《密教》二卷四期 一九一四年二月

62.《关于大日经之疏与义释》 椎田雷斧 《加持世界》十四卷二期 一九一四年二月

63.《大日经义释与天台教》 梅山龙月 《欢山宗教》五卷七期 一九二四年七月

64.《关于大日经指归》 加藤达英 《龙谷佛教学会志新》一卷 一九三八年一月

65.《关于大日经义释之异本——以义记为中心而论》清田寂云 《叡山学报》十九卷 一九四一年十一月

66.《有关大日经义释诸本形成小考》 清田寂云《密教研究》八十五、八十六卷 一九四三年六月

67.《智证本大日经义释之形成》 长部和雄 《佛

教史学》一卷二期 一九五○年一月

68.《无动寺智证本大日经义释》 长部和雄 《密教文化》九、十合卷 一九五○年五月

69.《大日经疏的撰者和义释的再治者之有关疑问》 长部和雄 《密教文化》二十七卷 一九五四年六月

70.《大日经疏、义释对照考》 河村孝照 《印度学佛教学研究》七卷二期 一九五九年三月

71.《关于义释之密印品》 长部和雄 《印度学佛教学研究》八卷一期 一九六○年一月

72.《大日经注释之一问题》 壁濑灌雄 《日佛年报》二十卷 一九五五年三月

73.《藏文大日经释的再治本与未再治本之比较》 壁濑灌雄 《印度学佛教学研究》八卷一期 一九六○年一月

74.《大日经广释与略释之比较》 壁濑灌雄 《印度学佛教学研究》九卷二期 一九六一年三月

75.《大日经菩提道次第之二见解》 壁濑灌雄 《印度学佛教学研究》五卷一期 一九五七年一月

76.《觉密作藏译大日经·住心品广释再治本》 酒井真典校订 高野山遍照光院 一九五四年

77.《日译觉密注藏文大日经（一）》 吉田生而 《丰山学报》五卷 一九五九年三月

78.《论觉密的大日经广释中的三心说》 越智淳仁
《密教文化》一一○卷 一九七五年三月

79.《胎藏曼荼罗研究》 大村西崖 《加持世界》
九卷八期 一九○九年八月

80.《智证大师将来胎藏图像》 大村西崖 《宗教
界》四卷三期 一九○八年三月

81.《智证大师与宗数僧正将来之大悲胎藏曼荼
罗研究》 小野玄妙 《密教》三卷三期、四卷一期
一九一三年十月

82.《胎藏旧图样考》 大村西崖 《佛教学杂志》
二卷九期 一九二一年九月

83.《现图胎藏曼荼罗之组织及其发展》 栂尾祥云
《宁乐》四卷 一九二五年十月

84.《关于大悲胎藏三昧耶曼荼罗》 小野玄妙 《日
佛年报》六卷 一九三三年四月

85.《论胎藏曼荼罗之尊像》 吉祥真雄 《日佛年
报》六卷 一九三三年四月

86.《论胎藏曼荼罗之原始形态与大悲胎藏生曼荼
罗》 铃木宗忠 《日佛年报》十四卷 一九四二年十月

87.《从地理上看两界曼荼罗之起源》 秃氏祐祥
《六条学报》一一九、一二○卷 一九一一年九月

88.《论两部曼荼罗之起源》 佐藤仁兴 《密教研

究》五十四卷　一九三五年三月

89.《两部曼荼罗与真言密教》 吉祥真雄 《史述与美术》五卷四十七期　一九三四年十月

90.《四本两界曼荼罗》 土宜觉了《密宗学报》一七八卷　一九二八年六月

91.《关于胎藏界曼荼罗地藏说》 八田幸雄 《密教文化》八十五卷　一九六七年十月

92.《胎藏曼荼罗的资料》 八田幸雄 《印度学佛教学研究》二十卷一期　一九七一年十二月

93.《两部曼荼罗的系谱——以五佛为中心》 松长有庆 《密教文化》八十七卷　一九六九年五月

出版后记

　　星云大师说："我童年出家的栖霞寺里面，有一座庄严的藏经楼，楼上收藏佛经，楼下是法堂，平常如同圣地一般，戒备森严，不准亲近一步。后来好不容易有机缘进到藏经楼，见到那些经书，大都是木刻本，既没有分段也没有标点，有如天书，当然我是看不懂的。"大师忧心《大藏经》卷帙浩繁，又藏于深山宝刹，平常百姓只能望藏兴叹；藏海无边，文辞古朴，亦让人望文却步。在大师倡导主持下，集合两岸近百位学者，经五年之努力，终于编修了这部多层次、多角度、全面反映佛教文化的白话精华大藏经——《中国佛教经典宝藏》，将佛教深睿的奥义妙法通俗地再现今世，为现代人提供学佛求法的方便途径。

　　完整地引进《中国佛教经典宝藏》是我们的夙愿，

三年来，我们组织了简体字版的编审委员会，编订了详细精当的《编辑手册》，吸收了近二十年来佛学研究的新成果，对整套丛书重新编审编校。需要说明的是此次出版将丛书名更改为《中国佛学经典宝藏》。

佛曰：一旦起心动念，也就有了因果。三年的不懈努力，终于功德圆满。一百三十二册，精校精勘，美轮美奂。翰墨书香，融入经藏智慧；典雅庄严，裹沁着玄妙法门。我们相信，大师与经藏的智慧一定能普应于世，济助众生。

东方出版社

图书在版编目（CIP）数据

大日经 / 吕建福 释译 . —北京：东方出版社，2020.3
（中国佛学经典宝藏）
ISBN 978-7-5060-8484-0

Ⅰ.①大…　Ⅱ.①吕…　Ⅲ.①密宗—佛经　Ⅳ.①B946.6

中国版本图书馆 CIP 数据核字（2015）第 248220 号

大 日 经
（DARIJING）

释 译 者：吕建福
责任编辑：王梦楠
出　　版：东方出版社
发　　行：人民东方出版传媒有限公司
地　　址：北京市朝阳区西坝河北里 51 号
邮　　编：100028
印　　刷：北京大兴县新魏印刷厂
版　　次：2020 年 3 月第 1 版
印　　次：2020 年 3 月第 1 次印刷
开　　本：880 毫米 ×1230 毫米　1/32
印　　张：10
字　　数：169 千字
书　　号：ISBN 978-7-5060-8484-0
定　　价：58.00 元
发行电话：(010) 85924663　85924644　85924641